10億件の
学習データ
が教える

理系が
得意な子の
育て方

今木智隆

文響社

本書をご覧の
親御さんへ

まずは29～34ページに
掲載している問題を、
お子さんに解かせてみてください。
もし、1問でも間違えていたなら、
本書には、
あなたのお子さんの
算数の成績を上げる秘訣が、
必ず掲載されています。

はじめに

「他のどの教科が苦手でもいいので、**算数だけは、苦手にさせてはいけません**」

私は、お子さんの学習について親御さんから相談を受けた際、必ずこのようにお伝えしています。それは、算数には次のような特徴があるからです。

①すべての理系科目の〝入り口〟になる

②「理系が苦手」は、子どもの将来に致命的ともいえるマイナス

③算数は、勉強のやり方を間違えなければ、誰でもテストで100点がとれる

いかがでしょうか。

まず1つめの「①すべての理系科目の〝入り口〟になる」というのは、いうまでもありません。そこでここでは、②と③について、簡単に見ていきましょう。

「理系が得意」はそれだけで、子どもの財産

算数への苦手意識を発端に、数字そのものや理系そのものを苦手だと感じてしまう子どもは多くいます。しかし、それは将来を考えた際、非常に大きなマイナスといわざるをえません。

ＡＩ（人工知能）などの技術の発展により、単純作業や肉体労働に限らず、多くの仕事が今後、機械に取って代わられる、という話を聞いたことのある方は多いでしょう。極端にいえば、人間に残されるのは、「(人間ならではの) クリエイティブさを必要とする仕事」「人と接する仕事」が主になると考えられています。

こういった仕事の能力は、容易に身につくものではありません。

しかし、算数を勉強していくことによって、子どもは自然に、**「考える力」――論理的に考える能力、問題点を見つけ解決する能力、散らかった情報を整理して考える能力、相手の質問を的確に捉える能力など――を身につけることができます。**

さらに、理系のアドバンテージは、**年収**にも響きます。

少し古い数字ですが、２０１１年の統計では、文系出身者の男性の平均年収が５５９・０２万円（平均年齢46・09歳）、理系出身者の男性の平均年収が６００・９９万円（平均年齢46・19歳）でした。単純に比較すると、理系出身であるだけで約40万円、年収が高い計算です。

また、様々な分野や経済状態において日本より10年先に進んでいるといわれるアメリカでも、理系と文系の年収格差は無視できません。

たとえば全米平均で見ると、ＢＡ（文系）の６万ドルの年収に対して、ＢＳ（理系）だと６・８万ドルとなっています。平均で1年８０００ドルというのは、かなり大きな差です。文系職の中にはパートタイムで働いている方であったり、いわゆる一般職の事務職という方も含まれていますから、文系職の年収の平均が低くなりがちなのは仕方ない部分もあります。理系職は文系職よりも専門性の高いものが多いことを踏まえると、やはり理系に進んだほうが年収が高い、という傾向は否定できません。

おそらく日本でも、この先、文系と理系の年収格差はさらにはっきりしてくると思います。

勉強のやり方を間違えなければ、誰でもテストで100点がとれる

私は、**算数は他のどの教科とも異なる性質を持っている**と考えています。遊びにたとえるなら、多くの教科はボーリングのようなもの、算数はロールプレイングゲーム（RPG）に近いイメージです。

ボーリングは、そのレーンの点数が良くても悪くても、次のレーンではまた新たにボールを投げることで、ゲームが進んでいきます。社会科でいうなら、平安時代の成績が良くても悪くても、江戸時代はまた別、地理もまた別、というような具合です。

しかし、算数だけは、どこかに理解できないところがあると、次へは進めない――あるダンジョンをクリアできなければ、次のダンジョンに進むことができない――という構造です。そのため、他の科目とは、学習のやり方を変える必要があるといえるでしょう。

ですから、算数で何かつまずきがあるときは、その多くが、

10
8
9
7
5
6
0
4
1
2
3
算数

他の教科

「前のダンジョンをクリアできたつもりでいたけれど、実は取りこぼしがあった」というものです。前のダンジョンに戻ってちゃんとクリアすれば、次のダンジョンも恐れることはありません。学年こそ6つに分かれ、単元もそれぞれ細かく分かれていますが、算数は小学校6年間をかけて取り組む、一連のRPGなのです。

算数を構成する3つのストーリーと、攻略のカギ

算数という名のRPGは、大きく分けて3つのメインストーリーで構成されています。「位《くらい》」「単位」「図形」です。この3つの分類を意識した学習こそが、算数で100点をとるためのカギとなります。

たとえば、1000と698という2つの数字を見て、1000のほうが大きいということを「正しく理解」していなければ、あらゆる数字を扱うことを難しく感じるのは当然です（=位の理解）。

あるいは、定規《じょうぎ》の目盛《めも》りの読み方を「正しく理解」していなければ、簡単なグラ

フや表であっても、読み解くことは難しいでしょう（＝単位の理解）。
平面図形の面積の求め方を「正しく理解」していなければ、立体図形の体積を求めることはできません（＝図形の理解）。

この3つこそが算数の基本で、学習していく中で出現するダンジョン（単元）のほとんどは、この3つに関連づいています。

「なんだ、そんな3つは、正しく理解できて当然じゃないですか」と思われる方もいるでしょう。しかし、実際の教育現場、あるいは家庭学習の様子を覗《のぞ》いてみると、この3分類を発端に、算数が苦手になっているお子さんが非常に多いのが現状です。

実際に、多くの子どもがつまずきやすい単元・問題を統計的に調べてみたところ、

ワースト1　2～3桁の位の理解（＝位の理解）
ワースト2　図形の組み立て・立体の基礎（＝図形の理解）
ワースト3　単位、目盛りの読み方（＝単位の理解）
ワースト4　文章題

ワースト5　円と半径・直径の理解（＝図形の理解）

でした。そこで本書では、2章で「ワースト1　2～3桁の位の理解」「ワースト2　図形の組み立て・立体の基礎」「ワースト3　単位、目盛りの読み方」「ワースト5　円と半径・直径の理解」を取り上げ、まずは単元別の攻略を目指します。

そして3章では、単元を超えて苦手の多い「ワースト4　文章題」を扱います。

なお、60進法と24進法が入り混じる「時計（分単位）の計算」もまた、子どもがつまずきやすい単元ですが、ここでのつまずきは後の学習の障害になりにくいことがわかっています。しかし受験生には必須の単元であるため、本書では、2章の「番外編」として、「時計の計算」を取り上げます。

「位」「単位」「図形」の大きな3つの分類と「時計」、そして「文章題」を攻略することで、お子さんはきっと「算数が得意」「理系が得意」になれるでしょう。

これらの単元・問題はもちろん、学習する学年が決められています。しかし本書では、**1年生から6年生のすべてのお子さん、さらには、中学生のお子さんにも取り組んでいただきたい**と考えています。その理由は、算数（数学）学習に重要なのは「学年」ではなく**「前後のつながり」**だからです。

たとえば、4年生で「立体図形」がどうも理解できていない子がいるとします。その子に必要なのは、立体図形をくり返し練習することでも、4年生の内容を復習することでもありません。「立体図形」攻略のカギは「2年生の平面図形に戻ること」。2年前の学習内容を思い出し、図形そのものを捉える能力を高めることで、驚くほどスムーズに立体図形を攻略できるようになります。つまり、つまずいたときには**関連する「1つ前」の単元に戻ること**が大切なのです（180ページ参照）。

平面図形への理解が欠けたまま立体図形の問題をどんなに徹底的にくり返しても、成績は上がりません。それどころか、子どもに「立体図形は苦手」という苦手意識を植え付け、「算数嫌い」「数字嫌い」を生み出してしまうでしょう。このような、算数学習に対する勘違いに基づく苦手意識や嫌悪感は、絶対に防がなければなりません。

侮《あなど》ってはいけない「算数の取り組み方」

もう一つ、見過ごせないのは「算数の取り組み方」です。これは、算数というRP

Gにたとえるなら、「その世界の基本ルール」。冒険の目的は魔王を倒すことなのか、お姫様を取り戻すことなのか、宝を見つけることなのか。武器はどうやって手に入れるか、魔法は使えるか、などというべきでしょうか。

多くのお子さんは、算数の取り組み方について多くの「誤解」を持ち、そのために勉強で成果を出せずにいます。それは、たとえば次のようなことです。

これまで日本では、計算能力とスピードに重点が置かれてきました。その結果、算数を、本来の「論理的に考える能力の鍛錬《たんれん》の場」ではなく、「反射的に数字を処理する場」のように捉えている場合が多いように感じます。文章題になると途端に正解率が下がるお子さんなどは、まさにこの「取り組み方への誤解」の被害者です。親御さんの誤解が解ければ、お子さんの正解率も上がっていくのですが、多くの方は、「うちの子は、ちゃんと問題文を読まなくて、困る」

と、あたかも子どもの不注意のせいであるように捉えがちなのです。

くり返しになりますが、算数は、多少の得手不得手はあっても、基本さえきちんとできれば、誰もがクリアできる教科です。

もちろん、数学オリンピックで優勝したりするには（スポーツでオリンピック選手になるために素質が必要なように）特別な才能が必要ですが、学校の算数・数学をクリアするというレベルにおいて、特別な素質は必要ありません。

大切なのは、３つの基礎的な理解力をつけたうえで、それを軸に理解を広げていく、という方法です。

本書ではその視点から、**どんな子でも算数に苦手意識を持つことなく、テストで100点をとる**方法を、しっかりと説明していくことにしましょう。

なぜ、「これが算数の勉強法の決定版！」といえるのか

最後に、私自身が何者か、お話しさせてください。

私はＲＩＳＵ《リス》というタブレットを使用した通信教育事業を運営しています。ＲＩＳＵでは、これまでに説明した算数の特徴と、現状の学習の課題を踏まえ、

・基礎的な知識を習得しない限り、次に進めない

・関連した内容を連続して学ぶことができる

という学習が自然とできるような教材を独自に開発し、提供しています。実は、これまでに紹介した3つの分類は、ＲＩＳＵの教材を学習した子どもたちの、**10億件を超える膨大なデータを分析して導き出されたもの**です。

「これまでは算数でいい成績をとっていたのに、あるとき突然、成績が悪くなった子」の学習データをさかのぼってみたところ、何学年も前に学習していたところに、つまずきのタネがあった、ということがほとんどでした。

そこで、そのつまずきのタネとつまずいたポイントをつないでいったものが、3つの分類なのです。

このような3つの分類ごとの学習の結果、学習の効率は驚くほど上がりました。この取り組みは、『AERA with Kids』など、様々な媒体でご紹介いただいています。

さあ、さっそく、算数の本当に正しい勉強法を知っていただくことから始めましょう。1章では、

「親の成績は、遺伝するの？」

「男の子は文章題が苦手、女の子は図形が苦手というのは本当？」

「理系はやっぱり、男の子向きなの？」

「朝型の勉強って、本当に効果があるの？」

といった、算数と勉強にまつわる様々なことから取り上げていきます。ＲＩＳＵ会員から収集した10億件を超える学習データの統計と、さらに海外の研究機関や文部科学省をはじめ、大手学習塾や出版社が出している統計をもとに、

「本当に効果のある、算数の勉強法の真実」

をお伝えしていきたいと思います。


算数は学び方さえ間違えなければ、誰でも点数を伸ばすことができる、楽しい科目です。本書で算数の成績を伸ばして、ぜひお子さんにその楽しさを実感させてあげてください。

今木　智隆

目次

はじめに 003
「理系が得意」はそれだけで、子どもの財産 004
勉強のやり方を間違えなければ、誰でもテストで100点がとれる 006
算数を構成する3つのストーリーと、攻略のカギ 008
侮《あなど》ってはいけない「算数の取り組み方」 011
なぜ、「これが算数の勉強法の決定版!」といえるのか 013

1 算数について、私たちが知らない残念な真実

残念な真実1　9割の子どもが間違える問題はたった「3つ」に分類できる……028
れんしゅうもんだい①〜⑥……029
「算数が苦手」には、明確なパターンがある……035
答えと解説①〜⑥……038
残念な真実2　「テストは毎回70点」な子が、じつは一番の「苦手」予備軍……044
テストの点数は、「70点より30点のほうが好ましい」理由……046
残念な真実3　「あとから頑張れば追いつける」なんて、甘い話はない……049
中学受験で差がつくのも、結局「算数」……052
残念な真実4　一度下がった成績を、学校の教材や学年別のドリルで巻き返すのは超困難……055
1　不安なところ、苦手なところがはっきりしている場合……055
2　苦手な単元はとくにわからないが、成績があまりよくない場合……058
残念な真実5　宿題をさせると、子どもの学力は下がる!?……062
宿題は、「真面目な子」ほど学力低下につながりやすい!?……064

「でも、出された宿題をやらないわけにはいかないですよね？」……066
残念な真実6 **勉強は、一度に長時間やっても、身につきにくい**……069
「前の勉強から間を空けない」ことが、学習効率アップのコツ……072
要注意！　すきま時間の勉強の落とし穴……074
残念な真実7 **復習は、やり方によっては「ほぼ無意味」**……077
効率的に学力アップ！　総復習の代わりにするべき勉強は？……079
残念な真実8 **夜中まで勉強を頑張る子ほど、成績は下がる**……081
「夜の勉強」はなぜ、成績が上がらない？……082
「夜更かし勉強」の恐るべき悪影響……084
理想の勉強時間・まとめ……085
残念な真実9 **ママが頑張るほど子どもの成績が下がる3つのケース**……087
1 「苦手をなくそう」と頑張ると成績は下がる……088
2 たとえ謙遜《けんそん》でも、親が子どもを「勉強ができない子」と扱うと成績は下がる……090
3 ちょっとした不調を「苦手」とまとめてしまうと成績は下がる……093
残念な真実10 **やる気を出させるつもりで、**

子どものモチベーションをくじく親は多い 097
「教える」のではなく、「自分で解いてしまう」親 097
きょうだいや他の子と、無意識のうちに比べる親 100
残念な真実11 親にできることは、実のところ「ほんのわずか」 104
残念な真実12 「女の子だから」は言い訳にならない 107
「女の子は算数が苦手」のイメージを覆す4つの戦略 108
1 「自分が苦手だったから娘も苦手」と「自己投影」しない 109
2 その子自身の興味を無視した「女の子向けの習い事」はやめる 111
3 男の子とのスピード勝負は避ける 114
4 「遊び」を通して、女の子の図形の力を伸ばす 117
れんしゅうもんだい⑦ 119
答えと解説⑦ 120
●コラム 女の子が遊びで算数と親しむには？ 121
残念な真実13 算数嫌いは、「算数を教えるのが得意」な先生のもとで生まれている 123
算数をめぐる残念な食い違い 125

食い違いが実はすごく深刻な理由 …… 126
「算数を教えるのが本当は苦手」な先生に対して、親御さんができること …… 129
残念な真実14 **先生が授業の工夫をするほど、子どもの成績が下がる** …… 131
なぜ「先生のやる気」が子どもの成績を下げるのか？ …… 133
「マニュアル通り」の授業で子どもの自尊心が伸びる理由 …… 135
残念な真実15 **間違った「ご褒美」が、子どものモチベーションを下げる** …… 138
あなたは大丈夫？　多くの家庭が知らずに実践している「間違ったご褒美」 …… 139
子どものやる気を10倍高めるご褒美活用法 …… 141
ご褒美を使わないやる気の上げ方 …… 143

2

ここでのつまずきは致命的！「なぜ解けないの!?」と、ママが首をひねる5つの問題

ワースト1　2～3桁の位の理解　146
「位がわからない」はなぜ起きる？　148
「位」は、数字の概念を理解する一番の基本　149
四捨五入でとどめを刺される　152
割り算、小数……、位がわからない影響は、広範囲に　154
位の苦手を克服する3つの秘訣　158
れんしゅうもんだい⑧～⑬　163
答えと解説⑧～⑬　169
ワースト2　図形の組み立て・立体の基礎　176
一番の問題は、「とびとびの授業」　178
しっかりと復習をする　182
立体を平面図で教えるのをやめる　183
図形の苦手を克服する3つの秘訣　185
れんしゅうもんだい⑭～⑱　189

答えと解説⑭〜⑱ …… 194

ワースト3　単位、目盛りの読み方 …… 200
目盛りは「数の概念」の進化形 …… 202
単位は「記憶＋数の概念」の合わせ技 …… 203
目盛り・単位の苦手を克服する3つの秘訣 …… 205
れんしゅうもんだい⑲〜㉕ …… 209
答えと解説⑲〜㉕ …… 216

ワースト5　円と半径・直径の理解 …… 224
みんなが苦手な問題①　直径と半径 …… 226
みんなが苦手な問題②　箱に入った球の問題 …… 228
半径と直径の苦手を克服する3つの秘訣 …… 231
れんしゅうもんだい㉖〜㉘ …… 233
れんしゅうもんだい㉙〜㉛ …… 237

答えと解説㉖～㉛ 240

番外編 時計(分単位)の計算 246

れんしゅうもんだい㉜ 247

時計は放置しても実害がほとんどない 248

時計の苦手を克服する3つの秘訣 252

れんしゅうもんだい㉝～㊲ 254

答えと解説㉜～㊲ 259

3

「苦手なのは、文章理解」というのは実は大ウソ！文章題の真実

文章題こそ、全般的な「考える力」の土台になる …… 266

なぜ、計算問題は解けるのに、文章題になると解けないのか？ …… 267

量をこなせばこなすほど、算数が苦手になる!? 計算練習の不思議 …… 269

子どもたちを取り巻く「速く解く」という呪い …… 272

子どもが文章題でつまずくのは、こんなところ …… 275

ワースト4 考えないと式がつくれない文章題 …… 276

れんしゅうもんだい㊳ …… 277

文章題の苦手を克服する3つの秘訣 …… 278

れんしゅうもんだい㊴～㊸ …… 280

文章題を解く能力は、将来の仕事でも役に立つ …… 285
答えと解説㊳〜㊸ …… 287

4 シリコンバレーでも採用！理系を自由に選択できる子どもに育てるために

日本の算数・数学のレベルは高い …… 294
エンジニアになれば将来は困らない、という国の方針は無視できない …… 297
どんな分野でも……ITと無縁ではいられない社会へ …… 301
文系・理系の垣根はもうすぐなくなる …… 303
論理思考が身につく …… 305
全般的な学校の成績がよくなる …… 307

「算数って、何のために勉強するの？」と聞かれたら 308
親が文系だから、子どもも文系、というわけではない 309
「謙遜で子どもを下げる」のは絶対ＮＧ 310
理系・文系の年収格差、イメージ格差 312
理系のメリット① 年収 312
理系のメリット② 職業選択の幅 313
理系のメリット③ 人生設計の自由度 315
子どもを「算数好き」にするチャンスは、どこにでもある！ 318
「便利さ」に飲み込まれて「自分」を見失わないために 319
家庭こそ、いちばんの勉強の場 320
おわりに 324

算数について、私たちが知らない

1

残念な真実

残念な真実

1

9割の子どもが間違える問題はたった「3つ」に分類できる

さっそく、あなたのお子さんの算数の成績を上げる方法を調べてみましょう。次のページからの問題をお子さんに挑戦させてみてください。

各問題には、学校で勉強する学年を記載していますが、それはあくまで参考です。まずはひととおり取り組んでみることをお勧めします。もし、今の学年よりも前に勉強している範囲で、解けないものがあれば、そこから復習していくことで成績を上げることができます。先の学年の範囲で解けないものについては、その考え方の土台を本書で築いてあげることが、学校でいい成績をとることにつながります。

れんしゅうもんだい

1 位
（小学校１年～２年生）

□に入《はい》るかずをこたえましょう。

1. 10が3こと、1が3こで□
2. 134の百《ひゃく》のくらいは□、十《じゅう》のくらいは□、一《いち》のくらいは□です。
3. つぎの　やじるしが　さす　かずは　いくつですか。

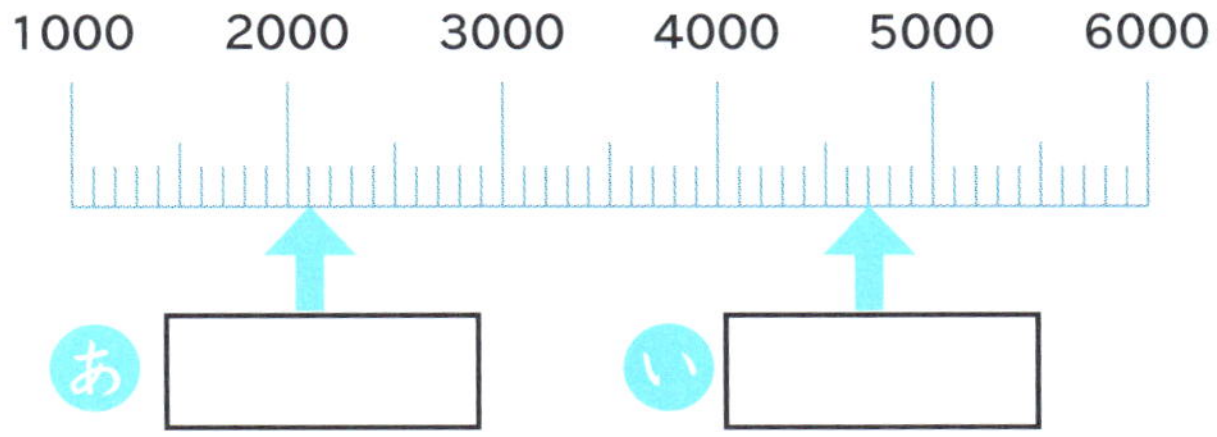

いちばん　小《ちい》さい　目《め》もりは　100を　あらわしています。

答えと解説は38ページ

れんしゅうもんだい

2

位
（小学校4年生）

下《した》の12まいのカードをどれも1回《かい》ずつ使《つか》ってできる12けたの整数《せいすう》のうち、いちばん大《おお》きい数《かず》といちばん小《ちい》さい数《かず》をつくりましょう。

0	0	1	1	2	3
4	5	6	7	8	9

1 いちばん大《おお》きい数《かず》

2 いちばん小《ちい》さい数《かず》

答えと解説は39ページ

3 単位（長さの単位）
（小学校２年生）

1 ひだりはしから　やじるしのところまでの　ながさを　こたえましょう。

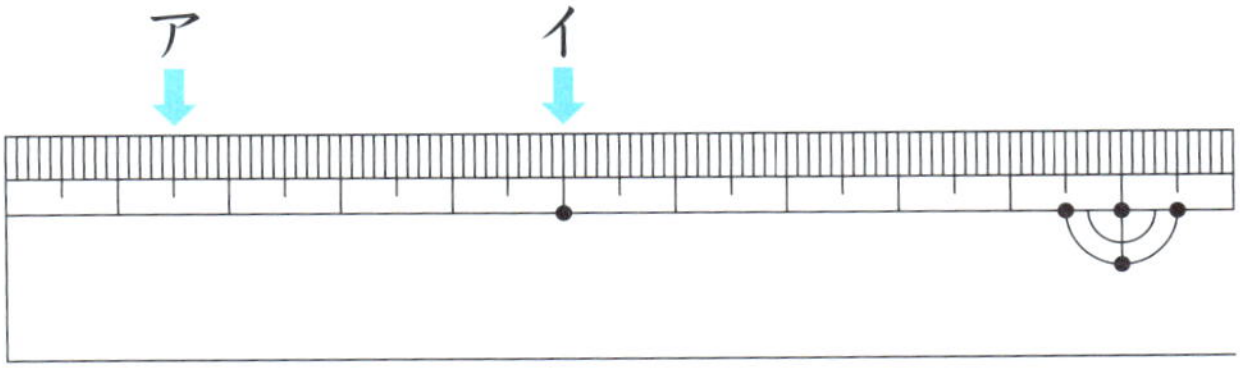

ア：□cm 5 mm　イ：□cm

2 □に入《はい》る　かずを　こたえましょう。

あ　15cm 2 mm － 9 cm ＝□cm□mm

い　5 m60cm ＋ 3 m ＝□m□cm

答えと解説は40ページ

れんしゅうもんだい

4 図形

（小学校２年生）

下《した》の図《ず》は、あるはこを　ひらいた　形《かたち》です。

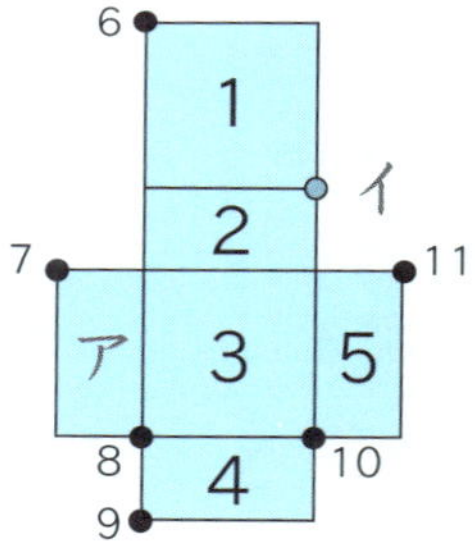

1　くみたてたとき、アの面《めん》と　むかいあう面《めん》は　どれですか。

答《こた》え

2　くみたてたとき、イのちょう点《てん》と　かさなる　ちょう点《てん》は　どれですか。

答《こた》え

答えと解説は41ページ

5 図形（小学校3年生）

下《した》の図《ず》のように、おなじ大《おお》きさの円《えん》が3つあります。

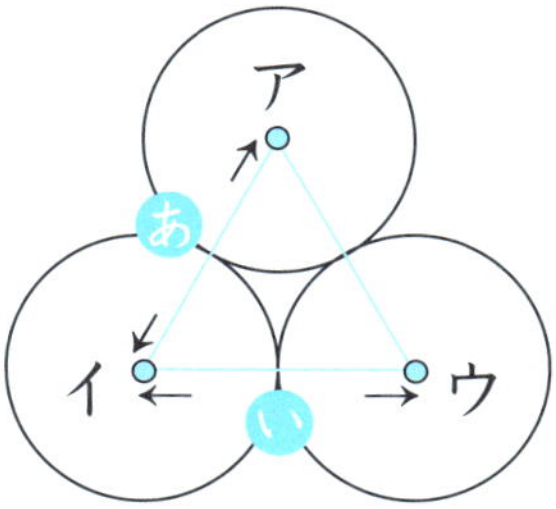

1 円《えん》の半径《はんけい》が3cmのとき、あといの長《なが》さは何《なん》cmでしょうか。

あ □ cm　い □ cm

2 3つの円《えん》の中心《ちゅうしん》ア、イ、ウをむすんでできる三角形《さんかくけい》は次《つぎ》のうちどれでしょうか。

□ 正三角形《せいさんかくけい》　□ 二等辺三角形《にとうへんさんかくけい》　□ 直角三角形《ちょっかくさんかくけい》

»» 答えと解説は42ページ

6

図形
（小学校５年生）

下図は三角柱とその展開図です。次の問題に答えましょう。

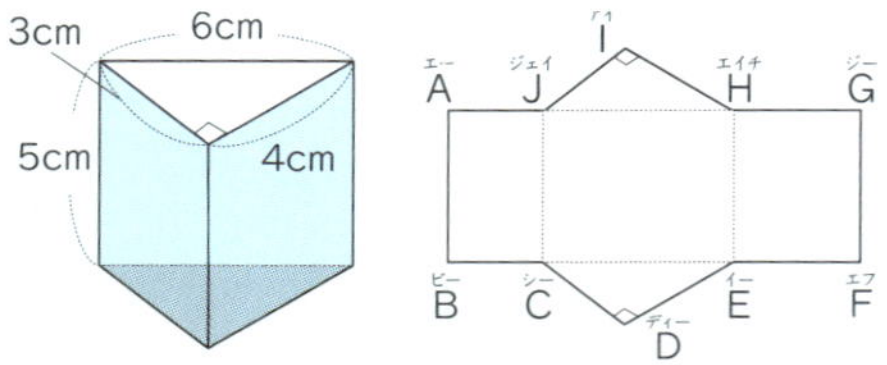

1 展開図で、辺ＡＢの長さは何cmですか。　答え □ cm

2 展開図で、ＢＦの長さは何cmですか。　答え □ cm

3 展開図を組み立てたとき、点Ｄに集まる点はどれですか。

□点Ａ　□点Ｂ　□点Ｃ　□点Ｅ　□点Ｆ
□点Ｇ　□点Ｈ　□点Ｉ　□点Ｊ

れんしゅうもんだい

☞ 答えと解説は43ページ

「算数が苦手」には、明確なパターンがある

いかがだったでしょうか。突然の出題で、驚かれた方も多いかもしれません。しかし、ここで取り上げた問題は、**算数でつまずく子どもが、必ずといっていいほど間違えるものです。**

しかも、ここでの「間違い」は、単に「この問題ができない」というだけでなく、これから続く「その単元そのものを理解できない」ということにつながりがちです。

「はじめに」で簡単に紹介したように、**小学校で学習する算数の内容は、大きく「3つ」に分類されます。**

数そのものの概念であり加減乗除の計算のもととなる**「位」**、ものの数え方を把握し、表や図を正しく理解するための**「単位」**、そして平面や立体を含む**「図形」**です。

そして、これらの3つの大きな柱を理解できているかをはかる問題が、この項目で紹介した6題だった、というわけです。

この3つの大きな分類を理解できていれば、小学校で扱うほとんどすべての問題を、考え方を応用することで必ず解くことができます。そのことは、私が運営しているオンデマンド型の算数教材（RISU）で学習をしている子どもの、10億件以上のデータを見れば、明らかです。

ですから、ここでご紹介した問題の正答率は、それ自体が今の学力を表しているばかりでなく、**今後の算数の理解や成績をも左右しかねない**数字である、ということになります。

全問、すらすらと間違えずに解けた場合はひと安心ですが、一方で、もしお子さんがどれか1問でも間違えたとしたら、軽く考えてはいけません。

算数の問題で「たまたま間違える」のは、単純な計算ミスだけ。それ以外の**どんな間違いにも、そこには必ず、何かしらの〝理解不足〟が潜《ひそ》んでいるのです。**

その単元、あるいは、その間違いの元となっている単元を、きちんと勉強し直すことが必要です（それぞれの問題のポイントと、解き方・教え方については、2章で詳しく説明します。また、単元をわたってみなが苦手な文章題は、3章で解説します）。

ただやみくもに解けない問題をくり返したり、学年や学期の復習をさせるのではない、本当に効果のある勉強法を、これからお伝えしていくことにしましょう。

正しい勉強法
1

「位」「単位」「図形」の3分類に沿って、積み上げていくように学習をしていく。

29、147ページ

答えと解説

1 位
（小学校１年～２年生）

□に入《はい》るかずをこたえましょう。

❶ 10 が 3 こと、1 が 3 こで [33]

❷ 134 の百《ひゃく》のくらいは [1]、十《じゅう》のくらいは [3]、一《いち》のくらいは [4] です。

❸ つぎの やじるしが さす かずは いくつですか。

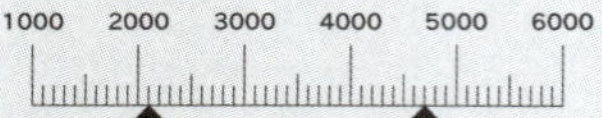

あ [2100]　い [4700]

いちばん 小《ちい》さい 目《め》もりは 100 を あらわしています。

れんしゅうもんだい

コメント

「位」の概念を理解しているかどうかがはっきりわかる問題です。「位」の表やお金などを使って数のしくみを可視化し、「位」の考え方に慣れましょう。

解説

お金を使って考えてみよう！

❶ 10円玉が３枚：十の位は３
1円玉が３枚：一の位は３

❷

1	3	4
百《ひゃく》のくらい	十《じゅう》のくらい	一《いち》のくらい

134円は100円玉1枚、10円玉3枚、1円玉4枚
→134の百のくらいは1、十のくらいは3、一のくらいは4

❸ 右に１目盛り進むごとに100増え、左に１目盛り戻るごとに100減ります。

あ 2000から１目盛り進むから、
2000＋100＝2100もしくは
3000から９目盛り戻るから、
3000－900＝2100

い 4000から７目盛り進むから、
4000＋700＝4700もしくは
5000から３目盛り戻るから、
5000－300＝4700

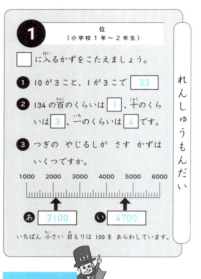

30ページ

2

位
（小学校4年生）

下《した》の12まいのカードをどれも1回《かい》ずつ使《つか》ってできる12けたの整数《せいすう》のうち、いちばん大《おお》きい数《かず》といちばん小《ちい》さい数《かず》をつくりましょう。

0	0	1	1	2	3
4	5	6	7	8	9

① いちばん大《おお》きい数《かず》

987654321100

② いちばん小《ちい》さい数《かず》

100123456789

れんしゅうもんだい

コメント

計算力をいくら鍛えても解けない問題の典型例です。一方で「位」を概念からわかっていれば、1歩1歩積み上げて解くことができます。

解説

たとえば、199と200では200の方が大きい。

百の位	十の位	一の位
1	9	9
2	0	0

→いちばん大きな位にある数字を比べて、その数字が大きいほうが、より大きな数

→いちばん大きな位から入れる数字を決める

いちばん大きい数をつくるときは、大きい数字から順に入れる。

9 8 次に大きい「8」

いちばん大きい「9」

いちばん小さい数をつくるときは、小さい数字から順に入れる。ただし0はいちばん大きい位には置けない。

~~0~~ 0 1 1 2

0は最初には置けない

1 0 0 1 2

0の次に小さい「1」 0を置けるので「0」

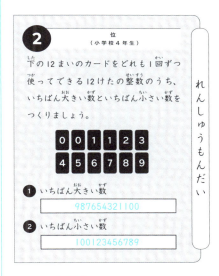

31、201ページ

3 単位（長さの単位）（小学校２年生）

❶ ひだりはしから　やじるしのところまでの　ながさを　こたえましょう。

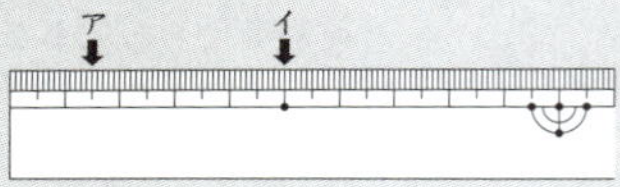

ア：［1］cm 5 mm　イ：［5］cm

❷ □ に入《はい》る　かずを　こたえましょう。

あ 15cm 2 mm － 9 cm ＝［6］cm［2］mm

い 5 m60cm ＋ 3 m ＝［8］m［60］cm

コメント

ポイントは、「単位を記憶する」「正しく目盛りを読む」「単位を揃えて計算する」の3つです。この3つをマスターしましょう。

解説

① ものさしはいちばん小さい目盛りが1mm。他の目盛りは以下の通り。

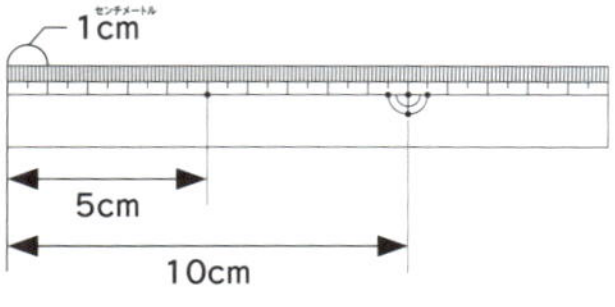

ア：1cmの目盛り1つ、1mmの目盛り5つなので、
1cm＋5mm＝ 1cm5mm

② cmとmm、mを分けて計算する。

あ

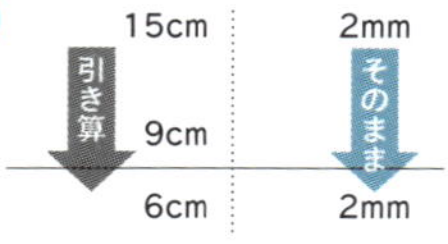

い

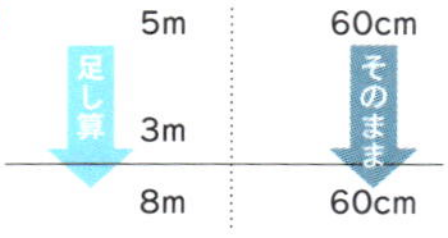

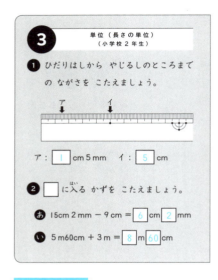

4 図形
（小学校2年生）

れんしゅうもんだい

下《した》の図《ず》は、あるはこを ひらいた 形《かたち》です。

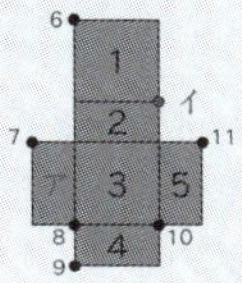

❶ くみたてたとき、アの面《めん》と むかいあう面《めん》は どれですか。

答《こた》え 5

❷ くみたてたとき、イのちょう点《てん》と かさなる ちょう点《てん》は どれですか。

答《こた》え 11

32、177ページ

コメント

頭の中で展開図から一気に組み立てようとするのではなく、それぞれの面や頂点の関わりを1組ずつ確かめていきましょう。

解説

はこを組み立てるところを想像してみる。

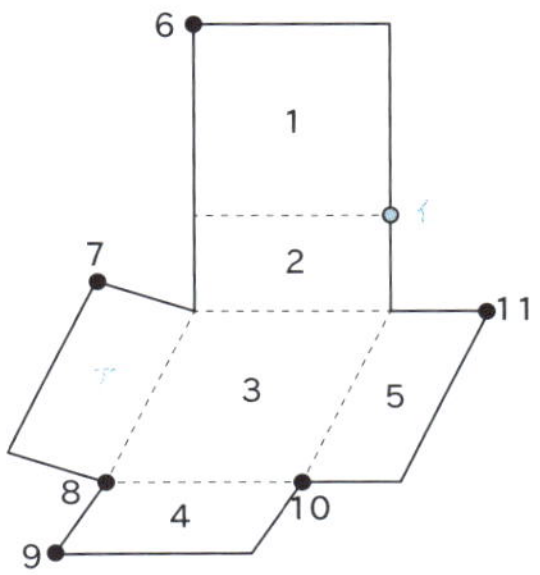

❶ 1～4の面はアの面とつながって違う向きになる→向かい合わない
5の面はアの面とつながらずに同じ向きになる→向かい合う

❷ 頂点イは面1, 2, 5をつなぐ頂点
同じように面1, 2, 5をつなぐのは頂点11
→頂点イと重なるのは頂点11

33、225ページ

5 図形（小学校３年生）

下《した》の図《ず》のように、おなじ大《おお》きさの円《えん》が３つあります。

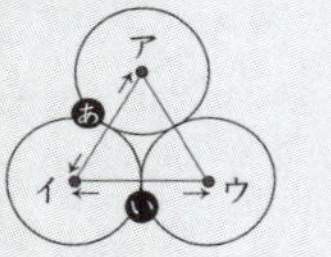

❶ 円《えん》の半径《はんけい》が３cm のとき、あといの長《なが》さは何《なん》cm でしょうか。

あ [6] cm　い [6] cm

❷ ３つの円《えん》の中心《ちゅうしん》ア、イ、ウをむすんでできる三角形《さんかくけい》は次《つぎ》のうちどれでしょうか。

[○] 正三角形《せいさんかくけい》　[ ] 二等辺三角形《にとうへんさんかくけい》　[ ] 直角三角形《ちょっかくさんかくけい》

コメント

解き方や計算はシンプルなのに、つまずきが出やすい問題です。少しひねった問題になるだけで混乱してしまうのは、理解のあやふやさの表れです。

解説

❶

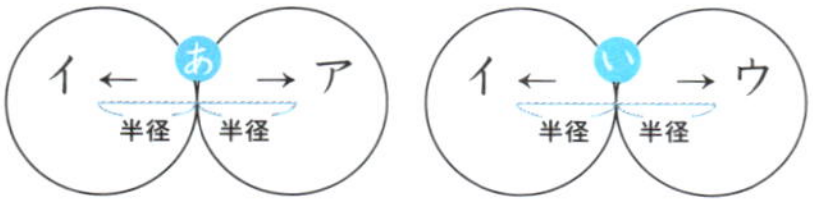

あ い はそれぞれ円の半径2つ分の長さだから、3×2＝6(cm)

❷ アとウを結ぶ三角形の辺の長さは、あ いと同様に円の半径2つ分で6cm。三角形アイウの3辺の長さが同じなので、三角形アイウは正三角形。

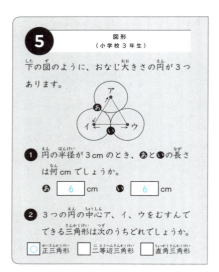

6 図形
（小学校5年生）

れんしゅうもんだい

下図は三角柱とその展開図です。次の問題に答えましょう。

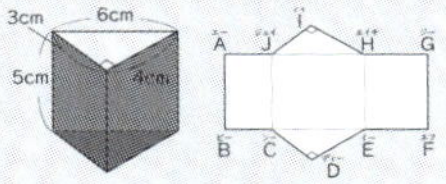

❶ 展開図で、辺ABの長さは何cmですか。　答え 5 cm

❷ 展開図で、BFの長さは何cmですか。　答え 13 cm

❸ 展開図を組み立てたとき、点Dに集まる点はどれですか。

□点A ☑点B □点C □点E ☑点F
□点G □点H □点I □点J

34ページ

コメント

立体図と展開図をじっくり見比べて、底面はどこなのか、また側面はどのように展開されているのかを、考えていきましょう。

解説

図は三角柱なので、底面が三角形で、側面が長方形。

展開図にある直角三角形CDEを三角柱の底面とすると、三角柱の立体図から、辺CDが3cm、辺EDが4cm、辺CEが6cmであることがわかる。

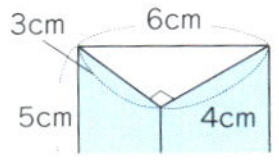

さらに展開図を見ると、三角柱を組み立てたときに、辺CDと辺CB、辺EDと辺EFがぴったり重なる。よって、辺CBは3cm、辺EFは4cm。

❶ 展開図から、辺ABは底面の三角形CDEと垂直になることがわかる。
立体図を見ると、三角形CDEと垂直な辺の長さはすべて5cm。
よって、辺ABの長さは5cm。

❷ BF＝辺BC＋辺CE＋辺EFだから、
3+6+4＝13(cm)

❸ 三角柱を組み立てたときに、辺CDと辺CB、辺EDと辺EFがぴったり重なるから点Dと重なるのは点Bと点F。

残念な真実
2

「テストは毎回70点」な子が、じつは一番の「苦手」予備軍

小学校の算数で問題なのは、**完全に理解できていなくても、テストでそこそこの点がとれてしまう**ことです。

単元末のテストならば、解き方だけをまねすれば、理解できていなくても満点に近い点数をとれてしまいます。また、学期末や学年末に行なわれるテストも、基本問題ができれば、だいたい70点くらいはとれてしまうでしょう。

たとえば目盛り（単位）がよくわかっていないアッシ君。

「1目盛りの大きさ」は問題によって変わるのですが、アッシ君はそのことがわかっていませんでした。「1目盛り＝1」と覚えていたのです。

しかし、テストの点数は75点。１目盛りが5だったり20だったりする応用問題はすべて落としていましたが、他の基本問題は正解していたことで、この点数をとることができました。

75点であれば、先生も含め多くの方が「アッシ君は目盛りをある程度、理解できている」と判断するでしょう。本当は「目盛り」の基本的な考え方を理解できていないにもかかわらず、そこそこの点数によって、アッシ君の課題は見落とされてしまうのです。

また、「暗記が得意」という子も要注意です。算数の基本がわかっていなくても、「このような問題は、こう解く」とパターンで覚えてしまうために、いい成績がとれたりします。

しかし、解き方そのものを理解しているわけではないので、様々な種類の問題が混ざっていたり、少し問題にひねりがあったりすると、歯が立ちません。あるいは、その単元から離れてしばらく経つと、すっかり忘れてしまうことになるのです。

テストの点数は、「70点より30点のほうが好ましい」理由

「でも、30点とか40点とか、もっと低い点数よりはいいですよね？」

そう考えたくなる気持ちはわかります。しかし、点数が明らかに低ければ、先生も親も、

「この子は目盛りを理解できていない」

ということが一目でわかります。本人も、

「点数が低い＝理解できていない」

と自覚できます。**「わからなかったところがわかるようになる」という体験**につながりやすく、勉強のモチベーションも湧きやすいのです。

「目盛りが苦手」「分数が苦手」など、苦手がはっきりしている子のほうが、「算数がなんとなく苦手」という子より、苦手から脱却しやすいのは、いうまでもありません。

一番、目をかけてあげなければいけないのは、

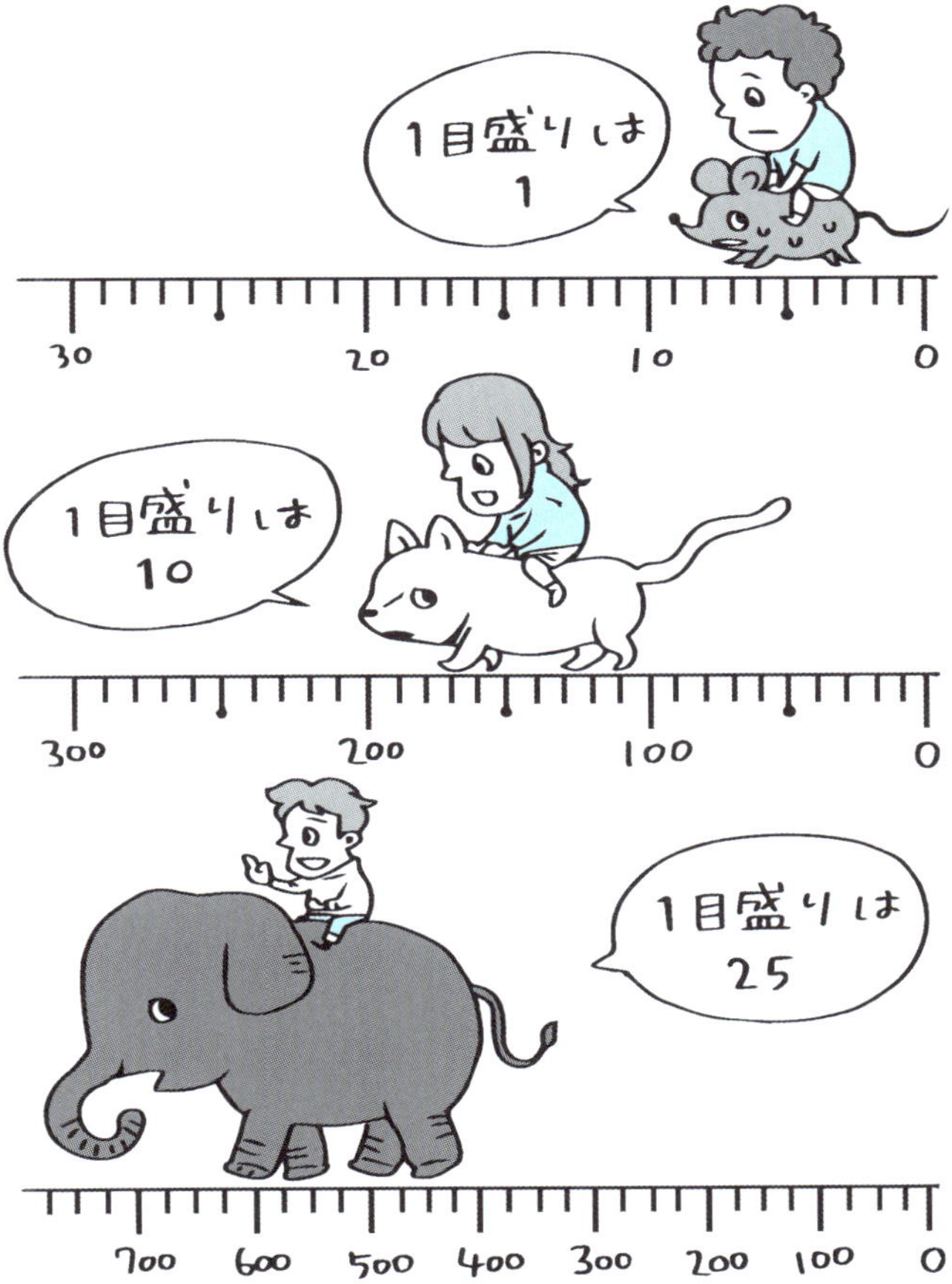
1目盛りは
1
30
20
10
0
1目盛りは
10
300
200
100
0
1目盛りは
25
700
600
500
400
300
200
100
0

「どんな単元も70点そこそこで通過し、誰にも気がつかれないまま、算数に苦手意識を持ってしまった子」

なのです。

算数のテストは、どんなにケアレスミスをしても、**90点を切ってしまったら、十分に理解できているとはいえません。**「この程度、できれば十分」と考えずに、1つ前の単元から復習してみてください。

正しい勉強法

2

テストが70点だったときこそ、正しい方法で復習をする。

残念な真実 3

「あとから頑張れば追いつける」なんて、甘い話はない

これがもしかすると、データが示す一番残酷な真実かもしれませんが、算数は**あとから漫然と勉強しても追いつくことはできません。**

51ページの下のグラフを見てください。これは、２０１７年度の東大現役合格者１３２人を調査したものです。

このグラフによると、小学校のときに偏差値が50未満で、東大に現役合格した子は、わずか９人。全体の７％未満という結果が出ているのです。上のグラフの結果も含めると、**小学生のときと高校3年生のときとでは、偏差値にほとんど変化がない**といっていいと思います。

これまでお話ししてきたように、算数や数学は、大きく3つの分類に分かれ、それぞれ「前から順番にクリアしていく」ことが必要です。

たとえば「位」の概念が身についていなければ、小数や分数には理解が追いつかないでしょう。「1×0・25が1より小さくなる」「1÷0・25が1×0・25より大きくなる」などがピンと来ないはずです。

あるいは、「10＋x＝15」という式で、「x＝5」だということがわからない子には、「2x＋5y＝19　3x＋y＝9」という方程式を見て、「x＝2　y＝3」だとわかりません。そのような状態の子に、方程式の問題を100問与えて練習させても、解けるようにはならないのです。

やはり、算数や数学においては、**とにかく量だけこなせばいいという根性論には、ほとんど意味がない**わけです。

さらに、国語や英語と違って、算数・数学のつまずきの影響は、他の科目にも及びます。

たとえば物理。物理にはルートや文字式などを使った計算だけでなく、算数や数学

小学5年時の偏差値別　高校3年時偏差値60以上の比率

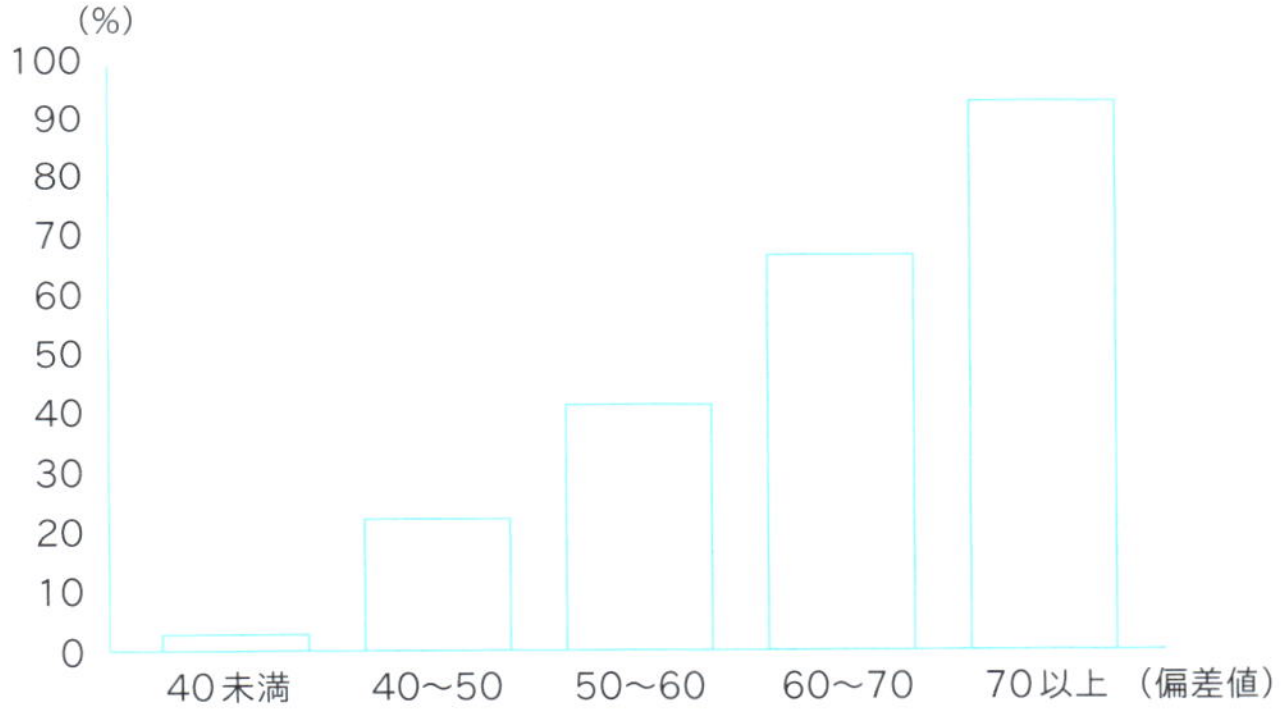

※小学5年〜高校3年で該当科目を連続受験した2948人が対象。高校3年次の3科は文系(英国社)、理系(英数理)で本人の入学大学に準拠、不明の場合は高いほうを採用。

2017年度東大現役合格者132人の小学5年時の偏差値

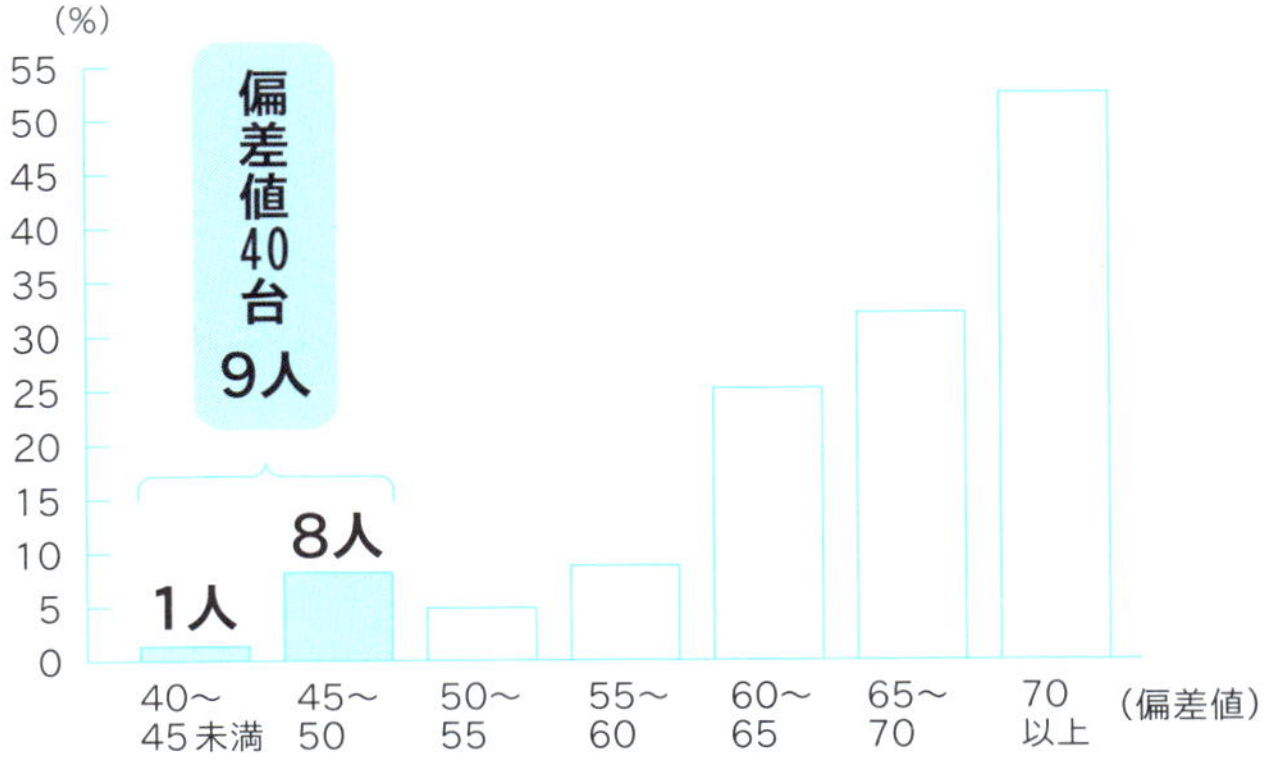

※2017年度の東大現役合格者132人が対象。小学5年時のテストは2009年11月実施の全国統一小学生テストで、受験生は約3万人。

出典：毎日新聞2017年10月20日

で培われる論理的思考も不可欠です。

数学が黄色信号の子は、物理はかなりの確率で赤信号がともります。結果的に2科目の成績が上げられなくなってしまいます。

中学受験で差がつくのも、結局「算数」

このような背景から算数は、一度開いてしまった差がなかなか埋まりにくい科目といえます。そのため、**中学受験においては、算数が得意な子ほど合格しやすい**、という傾向が顕著です。

53ページの表を見てください。これは、その学校を受験した全員と、合格者の科目ごとの平均点を一覧にしたものです。

多くの学校において、国語や理科、社会は、「合格者平均点」と「全体平均点」には差がほとんどありません。一方、算数は多くの学校で、「合格者平均点」と「全体平均点」に10点以上の差が開いています。

合格・不合格の分岐点は算数の成績にあり！?

◯都内進学校中学入試結果（過去５年分の平均）

科目	国語	算数	理科	社会	合計
合格者平均	50.7	61.6	61.7	53.4	**227.4**
全体平均	43.5	48.5	57.5	48.8	**198.3**
満点	85	85	70	70	**310**

※開成中学 HP より作成

合格者平均と全体平均の差（(合格者平均ー全体平均）÷満点）

算数（15.4%）＞国語（8.5%）＞社会（6.6%）＞理科（6％）

◯都内進学校中学入試結果（過去５年分の平均）

科目	国語	算数	理科	社会	合計
合格者平均	39.6	38.2	27.4	27.0	**132.2**
全体平均	32.9	27.8	22.4	23.5	**106.6**
満点	60	60	40	40	**200**

※早稲田中学 HP より作成

合格者平均と全体平均の差（(合格者平均ー全体平均）÷満点）

算数（17.3%）＞理科（12.5%）＞国語（11.2%）＞社会（8.8%）

これはいい換えれば、**算数は解ける子と解けない子の差が激しく、算数ができる子は合格しやすい、**ということになるでしょう。

さらに算数は、理科・社会に比べて配点が高い傾向にあります。算数・国語が理科・社会の倍の配点となる学校は、慶應《けいおう》義塾《ぎじゅく》中等部、慶應義塾湘南藤沢《しょうなんふじさわ》中等部、早《わ》稲田《せだ》実業《じつぎょう》学校中等部、渋谷教育学園渋谷中学校、豊島岡《としまがおか》女子学園中学校、雙葉《ふたば》中学校、ラ・サール中学校と挙げればキリがありません。

このような配点は、学校が求めている生徒像の反映でもありますから、**難関校の多くが「算数ができる子」を求めている**ということでもあるのです。

正しい勉強法

3

算数だけは落ちこぼれさせてはいけない。まずは授業に遅れないように、一つひとつ理解しながら進めていこう。

残念な真実
4

一度下がった成績を、学校の教材や学年別のドリルで巻き返すのは超困難

ここまでで、算数の重要性と、他の教科との違いをおわかりいただけたのではないかと思います。

その上でお伝えしたいポイントは、**授業やテストで少しでも不安や疑問が生じたら、「思い切って戻る」**ということです。その「思い切って戻る」方法はいくつかありますので、お子さんの様子を見て、合う方法を取り入れてください。

1　不安なところ、苦手なところがはっきりしている場合

「平面図形が苦手」「分数の計算が苦手」など、お子さんの苦手な単元が明らかな場

合は、**その単元に関連する前の単元に戻ります。**

ここで大事なのは、学校で習う順の「前」(たとえば、2学期につまずいたら1学期の内容に戻る)ということではなく、単元の単位で考えること。

・「立体図形」に不安があったら「平面図形」の単元に戻る
・「割り算」ができなかったら、「九九」に戻る

という方法です。この方法をとると、2学年下、3学年下に戻ることがあるかもしれません。

でも、その思い切りが大事なポイントです。少しずつ少しずつ戻ろうとすると、子どもとしては、

「あれもわからない、これもわからない」

と感じてしまいがちです。ただ忘れてしまっていただけかもしれないのに、苦手意識を植え付けられてしまっては大変です。ですから、

「試しにここも勉強してごらん」

と、あえて思いっ切り戻ってしまうのです。そこから学年を上っていっても、子どもには「解ける」という感覚が伴いますから、大きな負担にはならないはずです。

「時刻と時間の計算」がどうしてもできなかった3年生のテツ君。計算ができなかったのは、アナログ時計の読み方が曖昧《あいまい》だから、ということがわかりました。そこで1年生の教科書に戻って、時計の読み方を復習しました。すると、3年生の範囲の計算もしっかりとできるようになりました。

積み上げ科目である算数は、このような対応が必要なのです（ただし、時計の計算に関しては、苦手克服の優先順位は低めです。詳しくは2章で説明します）。

残念ながら、**現在の学校教育では、単元ごとのつながりがなかなか見えてきません。**そこで本書には、タブレット教材のＲＩＳＵでも使っている単元ごとのつながり表を掲載しました（１８０ページ）。

苦手な単元のはっきりしているお子さんが、苦手を克服するための参考として、ぜひご活用ください。

2　苦手な単元はとくにわからないが、成績があまりよくない場合

多くのお子さんは、得意不得意にムラがあります。そのため、どこが苦手なのか、はっきりしない場合も多いでしょう。

その場合、**最初は全体的な実力テストをして、その後、間違えた問題だけを拾っていく**ことをお勧めします。

実際、ＲＩＳＵをスタートしていただく場合には、最初に総ざらいの実力テストを解いてもらいます。その成績を分析すると、学年と実力が、あらゆる単元でぴったり合っている子というのは、あまりいません。比率でいうと、全体の10％の子が学校の学習進度と実力が合っていて、残りの**90％の子は、何かしらの単元で学校の学習進度とズレが生じてしまっています**。

３年生の子なら、計算は４年生レベルだけれども、図形は２年生レベルといったように、バラツキがあるのです。

一般の教材でお子さんの実力をはかりたい、という場合には、「算数検定」の活用がいいでしょう。

「算数検定」とお伝えすると、「算数が苦手なうちの子にはとんでもない」と思われる方もいるようですが、そんなことはありません。子どもの苦手や得意を見ることができるほか、算数の勉強の指針にもできるのがこの検定のよいところです。

苦手を発見するためには、お子さんの学年に合った級を受けるようにします。たとえば3年生であれば9級を受けると、小学校の算数の出題内容の中での苦手がわかります。

何年生が何級に相当するかは、日本数学検定協会のホームページで確認ができます。

「算数検定」の成績表には、単元別に正解・不正解が示されます。

たとえば「偶数と奇数、倍数と約数」「並べ方・組み合わせ方（場合の数）」がネックとなっているなど、お子さんのつまずきが、単元別にわかるというわけです。

このように苦手のスクリーニングをすることで、「算数が苦手」という漠然とした

苦手意識で留まるのではなく、
「この単元がまだちゃんと理解できていない」
というように、具体的に状況を把握することができます。苦手な項目がわかったら、180ページのチャートを使って、どこまで戻ればいいかを考えましょう。

また、「算数検定」は1回受けてみるだけでも十分な情報が手に入りますが、学年が変わったり、成績に変化が出たタイミングでまた受けるようにすると、どこが得意になってきたか、どこが苦手になってきたかがわかるので、より有効です。

なお、「算数検定」でいい成績がとれた場合は、どんどん上の級にチャレンジしていくといいでしょう。検定合格という目標があれば、1学年先、2学年先と意欲的に勉強していくことができます。

算数はいつ、どの単元で子どもがつまずいてしまうか、予測できません。そのためにも**得意な分野はどんどん先取り学習をしておいて、いざつまずいてしまったときに大胆に単元を戻れるだけのゆとりを持ちましょう。**

このような先取り学習を、私たちは「学力貯金」と呼んでいます。学力も、貯金が大切なのです。

正しい勉強法
4

なんとなく成績が悪い場合は、算数検定で、子どもの苦手を明確にする。

残念な真実
5

宿題をさせると、子どもの学力は下がる!?

「宿題は？」

ほとんどのお母さんたちが、毎日のように口にしている小言といえば、宿題にまつわるものではないでしょうか。実際、子どもの勉強についての悩みを聞いてみると、多くの親が、

「子どもが、宿題をきちんとやらない」

ということを気にしています。


ところで、そこまでしてみなさんが宿題を気にかけているのは、なぜでしょうか。

やっぱり、学校の成績を考えると、やらせないわけにはいかない？　たしかにその面

は否定できません。

しかし実は、いくつかの統計によって、「宿題をしても学力は上がらない」ということがわかっています。それどころか、**「宿題は学力にマイナスの影響を及ぼす」**ともいわれているのです。

まず、宿題と学力に対する国際比較調査と、その追跡調査を目的に行なわれた統計調査を紹介しましょう。

レテンドルとベーカーの研究チームは、1994年と1999年の2回にわたって40〜50カ国の小学4年生、中学2年生、高校3年生を対象に行なわれた調査を分析しました。その結果、明らかになったのは、

「宿題の量と学力には、相関関係がない」

ということでした。つまり、**宿題の量と子どもの学力には、関係はなかった、**というわけです。

さらに、2016年にもデューク大学のハリス・クーパーによって、同様の調査が

行なわれました。その調査によって、「宿題が多いからといって子どもの学力は上がらない」ということが改めて確認されました。さらに、**「幼稚園～小学校の子どもへの宿題は、悪影響しかない」**ことを明らかにしています。

この研究は、「宿題研究の権威」として、世界各国の学校教育のカリキュラムに影響を及ぼしています。

宿題は、「真面目な子」ほど学力低下につながりやすい!?

ところで、なぜ宿題が、子どもの学力に悪影響を及ぼしてしまうのでしょうか？ちょっと考えてみましょう。

宿題は、多くの場合、その日に学校で教わったことが出されます。

仮にその子が、学校の授業でその部分を理解できなかったとしましょう。すると、その宿題を家でやろうとしても、わかっていないのだから解けない。

でも家には、教えてくれる先生はいません。

さらに、わからなくて困っているのに、

「早くしなさい」

「終わるまでは●●しちゃダメ」

「なんでわからないの？」

などと親に言われてしまうこともあるでしょう。

このようなことがくり返されることで、子どもは勉強に対するモチベーションを失ってしまうのです。やる気がなくなれば、自然と学力は下がります。

モチベーションを下げることになる宿題は、子どもにとっては、百害あって一利なしというわけです。クーパーの調査によれば、宿題の効果が出てくるのは、高校生あたりからだといいます。

一方で、宿題をラクラク解ける場合には、その単元の理解度は十分、ということになります。であれば、わざわざ家で時間を割いて宿題をする必要はない、ともいえるわけです。

学校でわかっても、わからなくても、宿題は有効ではない。そうとわかれば、子どもが宿題をしていなくても、それほど目くじらを立てることもなくなるのではないでしょうか。

「でも、出された宿題をやらないわけにはいかないですよね？」

このようにお話しすると、

「でもやっぱり、出された宿題はやらせなくちゃ」

「サボり癖につながりそうで、やらなくていいとは言えません」

などと考える方もいるでしょう。たしかに子どもに対して、

「宿題はやらなくていい」

とは言いづらいかもしれませんね。


そのような場合には、宿題のやり方を見直してみてください。今、多くのご家庭では、「宿題は子どもが自分でする、一人でする」ものになっていると思います。

しかし、前述のように、学校でわからなかったことを家で一人で解こうとしても、解けるはずがありません。でも、宿題を終わらせなければ、またお母さんに怒られてしまう。そうなると、適当な答えを書いて終わらせる、という悪い癖がついてしまいます。間違いだらけの宿題で、また先生や親に怒られる、という負のスパイラルにはまってしまうのです。そうなると自尊心はどんどん下がってしまいます。

そうならないためには、まず**宿題を一人ではやらせない**ことです。今までよりも積極的に、子どもの宿題を見てあげるようにしてください。これは算数に限った話ではありません。

音読は小学校で定番の宿題ですが、読むことが苦手なお子さんであれば、親が読んであげてもいいと思います。私の知り合いにも、読み書き障害（ディスレクシア）のあるお子さんの音読の宿題は、親が読んで子どもに聞かせることでOKとしている方がいます。大切なのは**「宿題がイヤ↓勉強がイヤ」という流れをつくらない**ことです。

毎日の宿題を見てあげるのは面倒ください？　それなら、子どもが宿題をやらないことをとやかく言ってはいけないように思います（親が面倒くさがることは、子どももやりたがらなくて当然です）。

「宿題しなさい！」という口癖を、せめて**「宿題手伝おうか？」**に変えてみましょう。それだけで、お子さんの負担はずいぶんと軽減されるはずです。

正しい勉強法

5

子どもには、「宿題しなさい！」ではなく、「宿題手伝おうか？」と声をかける。

残念な真実 6

勉強は、一度に長時間やっても、身につきにくい

私が提供している教材はタブレット型で、子どもの学習はつねに細かく記録がとられています。

「どの子がどの問題を正解し、どの問題を間違えたか」だけでなく、「その1問を解くのにどれだけ時間がかかったか」「何時に学習を始め、何時に終えたか」など、細かく学習の記録をとることで、顔を合わせることなく、個別に細やかな指導や学習のアドバイスなどを行なっているのです。

このように学習の習慣までをデータで捉えてみたところ、ある面白い傾向が見えてきました。ここでは、その記録からわかった学習習慣についてお話しします。

同じ期間に同じだけの時間学習している子どもでも、学力の向上には残念ながらバラツキがあります。

勉強時間はきちんと確保しているのに、成績の伸びが今ひとつの子どもたちと、勉強した分だけ成績の向上につながっている子どもたちの差はどこにあるのでしょうか。

その答えの一つは「勉強時間の長さと回数」にあります。

子どもたちの学習のデータから「1回に長時間学習する、長時間型（まとめて型）」と「短い時間何度も勉強する、短時間型（コツコツ型）」を比べてみたところ、明らかに後者（短時間の勉強を何度もする）のほうが成績が伸びたのです。

短時間型と長時間型とを比べると、実に10％も学習の進度（スピード）に差が開きました。つまり、**短時間型のほうが、長時間型よりも効率がよい**ということです。

なぜ短時間型のほうが学習効率がよくなるのかについては、まだ検証はできていませんが、おそらく、**集中力の持続時間**に関係しているのではないかと考えています。

勉強を始めてから数十分間、集中力を持続することは難しいもの。小学生の子どもな

勉強は、短時間型と長時間型、どっちが進む？

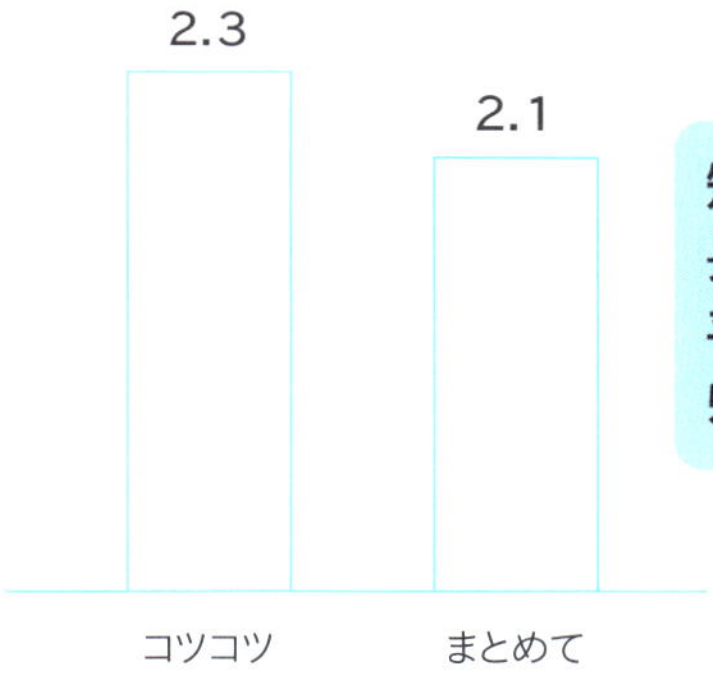

短時間（コツコツ）型と長時間（まとめて）型の平均学習スピードを比べると、50時間で10％も差が開いた！

ら、なおさらです。

また、トータルの勉強時間が同じ場合、長時間型の学習となると、前回の学習からの間は自然と空いてしまいます。

たとえば週に3回20分間勉強する子と毎週日曜日にだけ60分間勉強する子では、トータルの勉強時間は同じです。

しかし、前者が2～3日に一度は勉強をしているのに比べ、後者の子は7日に一度。勉強と勉強の間が160～170時間、空いてしまいます。前に勉強してから間が空いてしまうと、一度理解した内容も、うろ覚えになりがちです。公式などはもしかしたら忘れてしまうかもしれません。

すると、それを思い出したり確認したりするのに時間をとられてしまい、結果として学習効率が下がってしまうのです。

「前の勉強から間を空けない」ことが、学習効率アップのコツ

短時間型の学習効率がいいということは、次のデータからもわかります。

平日だけでなく、週末の土日いずれかに学習を行なったグループは、そうでないグループに比べて、学習スピードが平均で15%アップするということが、私たちのデータから明らかになっています。トータルの学習時間が同じでも、**土日に学習する子のほうが、効率がいい**ということです。

週末のほうが平日よりも、集中して学習に取り組みやすいといえます。また、学習リズムを保つことができるということも、大きいでしょう。

やはり、**「一度にたくさんの勉強」よりも、「毎日コツコツの勉強」のほうが、学力アップに結びつきやすい**のです。

週末の勉強は、効率が15%アップ！

「全児童の平均」と「週末勉強組」の学習スピード比較

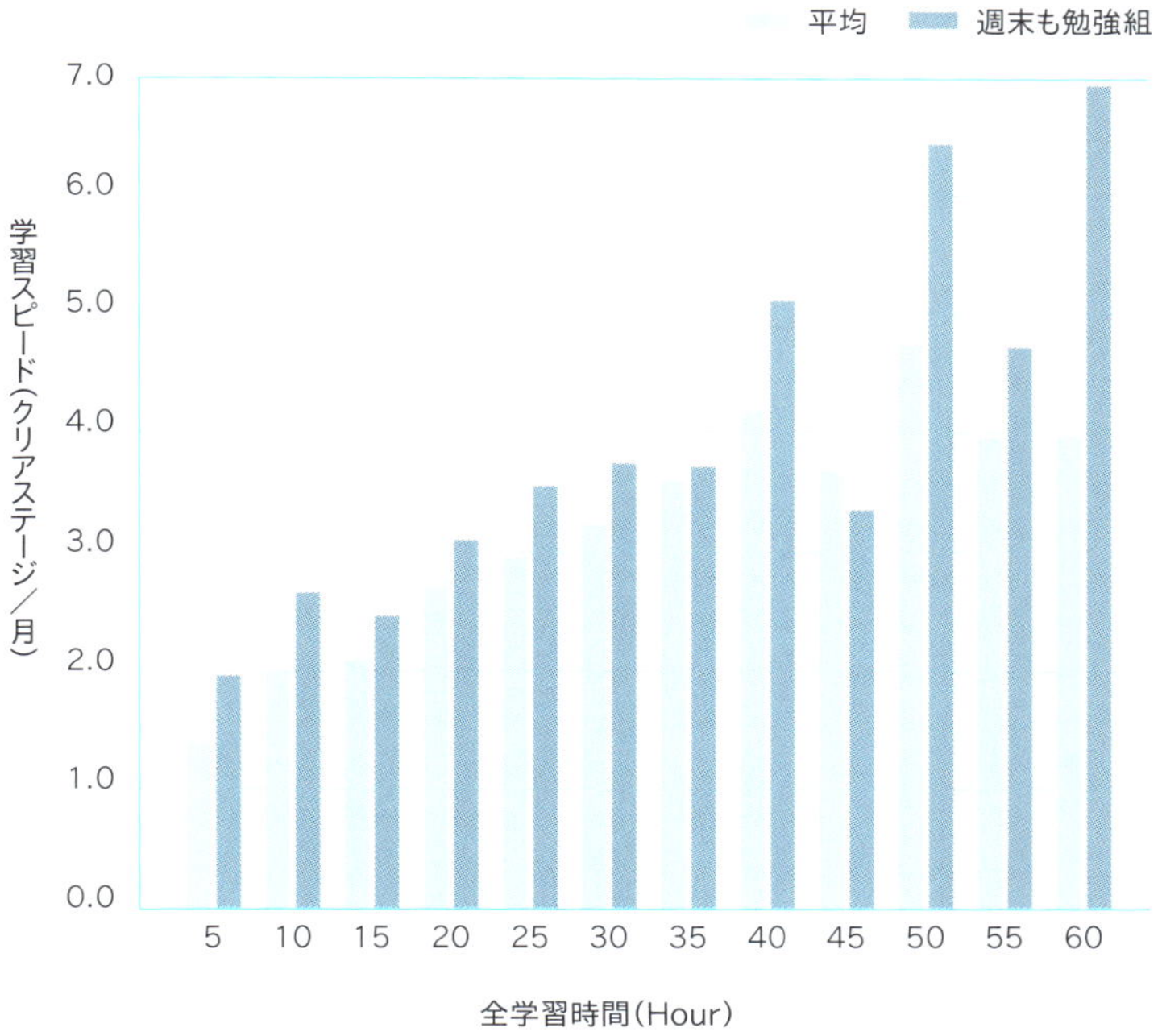

週末も土日どちらかは勉強している子のほうが、同じ学習時間でもスピードが15%アップ！集中して学習できる時間を取ろう。

要注意！　すきま時間の勉強の落とし穴

以上のように説明をすると、

「それなら、まとまった勉強時間をとるよりも、すきま時間に、1日に何度も細かく勉強させたほうが、成績は上がるの？」

と考える方もいるでしょう。

75ページのグラフは、同じ学習量の子ども同士で、一度の学習時間の長さ別に比較したものです。「1回の勉強時間の長さが平均的な子ども」と、「1回の勉強時間が10分未満」の子どもでは、月に20〜50時間勉強している層で、成績（学習スピード）に大きな差が開きました。後者は学習に、明らかな遅れが出てしまったのです。

つまり、「毎日コツコツの勉強」とはいえ、1回の勉強が10分を切ると、その学習効果は非常に薄いということがいえます。**1回の勉強時間は、20分くらいは確保するようにしましょう。**

すきま時間の勉強の積み重ねは大事？

同じ学習でも、すきま時間を使うと？

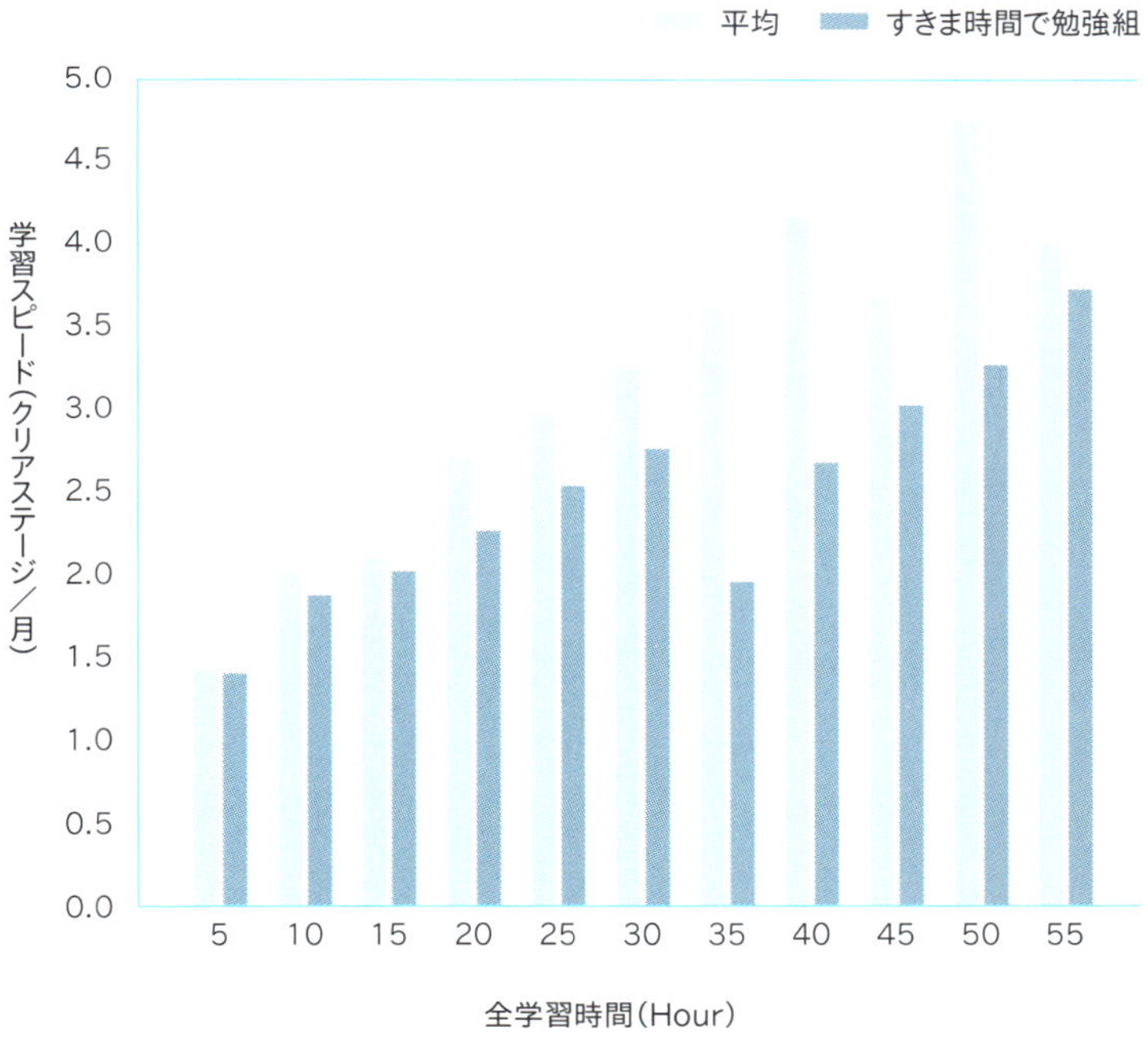

1回10分未満の学習をたくさんの日数やっても、実はあまり効率がよくない。

以上のデータを合わせると、より学力の上がりやすい勉強法は、**土日いずれかを含んだほぼ毎日、1度に20分以上の勉強を、コツコツ続けること**、ということがわかります。親にとって必要なのは、この勉強のリズムを維持できるようにする、ということになりそうです。

正しい勉強法
6

成績アップにつながりやすい勉強習慣は、「20分以上」の勉強を、週に「5〜6回」。

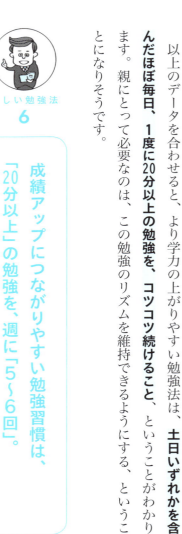

残念な真実 7

復習は、やり方によっては「ほぼ無意味」

子どもの算数の学力に不安を感じる親御さんは、よく、

「もっと復習問題を出してください」

「ちゃんと総復習をさせてください」

とおっしゃいます。

復習と総復習。なんだか、とても効果がありそうな、いい響きです。テストの点数が悪かったとしても、お子さんに、

「総復習をしているんだ」

と言われたら、ちょっとした安心感を覚えるのではないでしょうか。

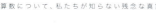

子どもの学習において柱の一つとなっている「総復習」ですが、その効果は実は、微々たるもの。**かかる時間の割には意味がない**、と断言できます。それはデータを検証するまでもなく、明らかです。

算数で苦手なところのあるチハルちゃんは、お母さんに言われて総復習テストを受けることにしました。すると、成績は85点でした。お母さんは、チハルちゃんの点数を見てひと安心。

「間違った問題は見直しておきなさいね」

と言っただけで終わりにしてしまいました。チハルちゃんは言われた通り、間違った問題を見直しましたが、本人も85点という点数に満足していたので、文字通り、見直しただけで終えてしまいました。

このように「復習」を活用した場合、この時間にはほぼ意味はありません。子どもには、「わかっている単元」と「わかっていない単元」があります。総復習でできるのは、この「わかっている単元」と「わかっていない単元」を見分ける、というだけです。何度総復習をくり返しても学力はほとんど上がらず、その都度ただ「わかっている単元」と「わかっていない単元」が明らかになっているだけなのです。

ですから、**総復習テストは、単元別のテスト以上に、点数そのものには意味がありません。**85点で安心、というわけにはいかないのです。大事なのは、その総復習テストで落としてしまった15点の単元をきちんと確認して、その単元に戻って勉強すること、さらには、その単元の土台となっている単元（180ページ参照）にさらに戻って勉強することなのです。

効率的に学力アップ！　総復習の代わりにするべき勉強は？

もし、お子さんがちゃんと学校の勉強についていけているかに不安を感じたら、総復習ではなく、次の4つの大きな単元を、改めて学習し直すようにしましょう。

1　2〜3桁の位の理解（小学1〜2年生）
2　図形の組み立て　立体の基礎（小学2年生）
3　目盛りの読み方（小学2年生）

4　円と直径・半径の理解（小学3年生）

これらの単元は、しっかり理解をしておかないと次の内容が理解できないだけでなく、統計的に見ても多くの子どもが苦手としている単元です。

この4つを重点的に復習することで、これらの項目につながる単元のつまずきが解消されることが多くあります。

たとえば、おうぎ形《がた》の面積の解き方がわからないのは、そもそも円の面積の求め方がわかっていないから、ということは多いものです。あるいは、2章で詳しくお話ししますが、位がわかっていないと、「大きな数の計算」だけでなく、「四捨五入」「平均」「小数」「割り算の筆算」など、あらゆる方面に悪影響が及びます。

効率的に学力アップを図りたいのであれば、これらのカギとなる単元をきっちり学習し直しておきましょう。

正しい勉強法
7
総復習より、重要な4単元のみに集中させる。

残念な真実
8

夜中まで勉強を頑張る子ほど、成績は下がる

「遅くまでお疲れさま。えらいね」

遅い時間まで子どもが勉強を頑張っていれば、夜食を出してあげたくなるかもしれませんね。その気持ちはわかりますが、ちょっと待った！　じつはその行動が、お子さんの成績を下げているかもしれません。

ＲＩＳＵのデータによると、「夜更《よふ》かし型の子」は「朝型の子」を１００とした場合、学習スピードは73％、継続力は48％という残念な結果が出ているのです。

この調査での朝型の定義は「午前10時まで」、夜型は「18時以降」、夜更かし型は「20時以降」という学習時間帯で分けています。

夜型、夜更かし型と勉強時間帯が遅くなるにつれて、朝型と比べ「学習理解のスピード」も「学習の継続期間」も下がっていきます。つまり、**夜遅く勉強する子ほど、効率も悪く、続かない**ということなのです。

これはいったい、どういうことでしょうか。

「夜の勉強」はなぜ、成績が上がらない？

20時以降からガクッと数値が落ちるのは、「脳の疲れ」によるものだと思われます。子どもは色々なものに夢中になるもの。朝起きてから12時間以上も経てば、体も脳も、疲れています。

睡眠をとると、体だけでなく脳の疲労をとることができます。そのため、朝の勉強はさくさく進むのです。作家や経営者に朝型が多いのは、朝のほうが脳の効率がいいということを経験的にわかっているからかもしれません。

夜の学習は効果的？

学習時間帯と学習理解のスピード・継続期間

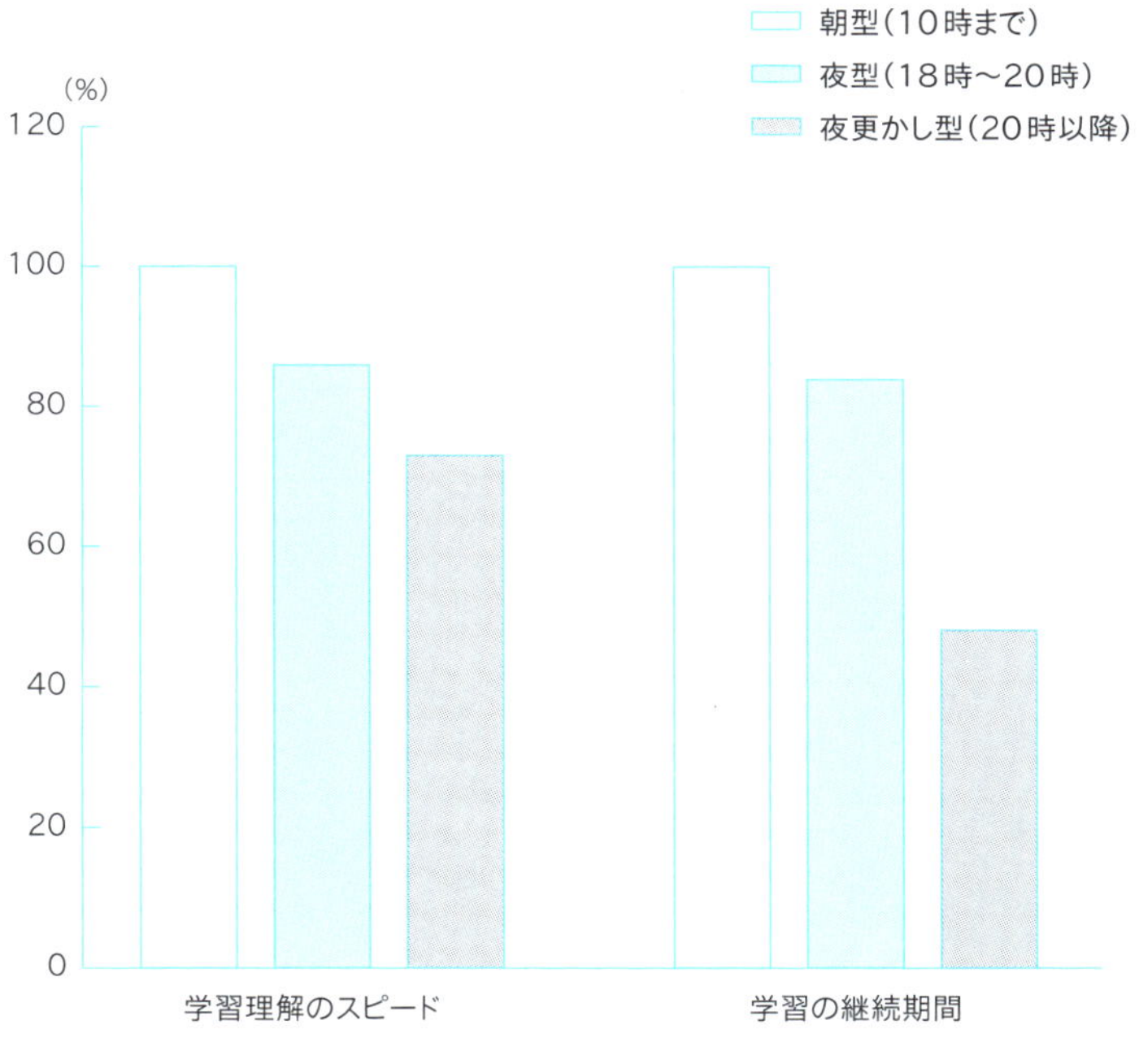

**20時以降の勉強は、
学習スピードも継続期間もぐんと下がる！**

受験生ともなると、塾から帰ってきて、寝る前に勉強する子も多いかと思います。私も夜更かし型なので気持ちはわかります。

私自身も、夜まで頑張っていると、母親が日頃の食卓にはのぼらないチキンラーメンを出してくれるのがうれしくて、それで夜遅くまで頑張っていた覚えがあります。

でも、統計から見れば、この勉強法は非効率。夜更かししての勉強を褒めたり、普段より優しく接したりすることで、ますます子どもは夜遅くまで勉強をすることになり、さらに効率を下げてしまうのです。

「夜更かし勉強」の恐るべき悪影響

また、勉強というのは「習慣」ですから、一度「夜更かし型」になってしまうと、その子は何年もの間、そのスタイルでの勉強をするようになります。

たとえば試験前の30日間、毎日2時間勉強したとして、朝型の子の習得度を60とすると、夜更かし型の子の習得度は30〜45くらいに落ちてしまうわけです。単純に考えると、夜更かし型の子どもは、その分の時間（15〜30時間）を無駄にしてしまっているともいえるでしょう。

まして、小学校入学から大学卒業までの期間は16年前後ですから、「夜更かし型」の悪影響たるや、恐ろしいものです。

理想の勉強時間・まとめ

理想の勉強時間はやはり朝です。まずは朝に10分でもいいから、勉強する時間を持てるようになるといいですね。**朝の10分は夜の20分にも相当します。**「たった10分」と思わず、習慣化してみましょう。一度習慣化できれば、その時間を15分、20分と延ばしていくのは、それほど難しいことではありません。

そして、**夜に勉強する場合でも、20時前には勉強は終わらせる**ような習慣を身につけさせてほしいと思います。

親御さんも忙しいですから、つい夕飯が遅くなり、それにつられて勉強時間も後ろ倒しになってしまうのはわかります。しかし、習慣は日々の積み重ね。ちょっとの違いが後々の大きな差につながっていくのです。

同じ時間勉強をしていてもライバルとの差が埋まらない……そんなときこそ、勉強をいつするかを、見直してみてください。

正しい勉強法

8

勉強は、夜の30分より朝の20分のほうが、成績が上がる。

残念な真実
9

ママが頑張るほど子どもの成績が下がる3つのケース

教材を通して、あるいは体験教室などで多くのご家庭と接するなかで、私は日々、**最近のお母さん方には本当に熱心で努力家な方が多い**と感じています。

しかしなかには、その頑張りが間違った方向に向いてしまっている方もいるようです。ここでは、親御さんから寄せられる悩みをもとに、熱心さが逆効果になってしまっている例をご紹介します。

「思ったほど、子どもの成績が伸びない」

「子どもがなかなかやる気にならない」

「うちの子は頼りなくて……」

という方は、ぜひ、参考にしてみてください。

1 「苦手をなくそう」と頑張ると成績は下がる

多くの親御さんがしてしまいがちな間違った方向の努力。その典型は、「苦手つぶし」です。子どもの苦手を見つけて、それをつぶそうと必死になるお母さんはとても多いものですが、多くの場合、お母さんが必死になるほどに子どもの成績は下がります。

これは勉強だけではなく、運動も習い事も同じです。ボールを捕るよりも投げるほうが得意な子は、投げる練習をしたほうがいいのです。

「ちゃんと捕れなければならない」

という意識に縛られて、キャッチングの練習ばかりしていると、野球が嫌いになってやめてしまうかもしれません。それよりも、投げる練習をどんどんさせて、ピッチャーに育てたほうがその子も楽しいし、教えるほうも楽なのです。

キャッチングの技術も、ピッチングの練習のなかで自然と向上してくるものです。

この話は、すでにいろいろなところで言われていますから、聞いたことのある方も多いでしょう。でも、**知っているのとできているのは別**です。

先日も、とある保護者の方から、次のようなメールをいただきました。

「時計のところはやっと100点がとれましたが、時間がかかりすぎました。もっと復習を頻繁《ひんぱん》に出題していただきたいです」

熱心な方ほど、どうしても苦手にばかり目がいってしまうのかもしれませんね。この子は100点をとっても、褒められてはいないでしょう。きっと、「もっと速く解けるようにしようね」などと言われているのではないかと思います。成功のなかにもマイナス面を探し出してしまうのです。

このような方には、

「苦手なことを見るより、できたことをまずは褒めてあげてください」

とお伝えしても、多くの場合、ピンと来ないようです。もし、子どもがちゃんと解けているのにその喜びを分かち合えなかったり、テストの点数が悪くないのに、「もっと復習をさせてほしい」「もっと練習問題を解かせたい」と思ってしまうとしたら、その方はこのパターンに陥ってしまっている可能性があります。

子どものモチベーション低下にもつながりがちですので、注意してください。

「時間はかかったけど、100点をとれたね。やったね」

で十分です。

2　たとえ謙遜《けんそん》でも、親が子どもを「勉強ができない子」と扱うと成績は下がる

もう一つ、熱心な親御さんほど陥りがちなパターンを紹介します。

「自分の子どもは算数（勉強）ができない」

と言う親御さんです。

親御さん同士、あるいは先生との話の中で、

「うちの子は本当に勉強が苦手で……」
「うちの子はできが悪くて……」
などと口にしてしまってはいませんか？　親御さんの意図が謙遜であれ本心であれ、子どもは言葉の通りに受け取ります。そのため、半ば自己暗示的に「自分は苦手だ」「できない」「バカなんだ」と思い込んでしまうのです。そして無意識のうちに、その思い込みが現実となるように行動してしまうのです。

次のメールは、小学校1年生の範囲の勉強をしている年長のお子さんを持つ母親からのものです。

「キッズ（小1の前半の先取り部分）を順調に楽しく進めておりましたが、あっという間に終了してしまいました。わが子は算数ができないので、もっと基礎の反復を徹底的にやっていただきたかったのですが、終了した問題を解いても同じ内容で、子どもは取り組まなくなりました」

1学年、先取りで勉強しているということは、この子は算数が得意なわけです（RISUの教材では、学年に関係なく、得意な単元はどんどん先に進んで学習できるようなシステムになっています）。にもかかわらず、メールの文面からはお母さんが「この子は算数が苦手だ」と思い込んでいる様子が伺えます。実際のところ、RISUの学習記録を確認したところ、このお子さんは1学年先の問題もスイスイと解いていました。

謙遜なのか、自分の苦手意識を投影してしまっているのかはわかりませんが、このように、「子どもは本当はちゃんとできているのに、親はできていないと言う」というパターンは少なくありません。親が子どもを「勉強ができない」「苦手」と思ってしまうと、それだけで子どもには悪影響です。

これまでの経験上、どうやらこのパターンに多いのは、子どもの教育を一任されているお母さん——つまり「子どもの成績はお前が管理しろ」と言われている方のようです。

夫だけが高学歴という夫婦の場合、

「この子が悪い成績をとったら、私のせい」

と、必要以上にプレッシャーを感じてしまうこともあります。そのような精神状態が、子どもを見る目を曇《くも》らせている場合もあるのです。

3 ちょっとした不調を「苦手」とまとめてしまうと成績は下がる

私たち親にも、調子のいいときと悪いときがあるように、**子どもにも波があります**。モチベーションがアップしているときは、問題もスラスラ解けるのですが、ダウンしているときには簡単な問題でも、頭に入ってこない――子どもにもこんな日もあるのですが、大人にはなかなかその視点はないようです。

たとえば私たちのところには子どもからの直接の相談もきますが、多いのは、「ドラゴンクエストの◯◯の塔がクリアできなくて、勉強どころではありません。どうしたらいいですか？」

というようなものです（笑）。

そうなのです。子どもたちにとってはそんな「一大事」があると、本当に勉強どころではなくなってしまうのです。

こんなときに、算数が新しい単元に入ったとしても、関係ありません。頭の中はつねに「塔をどうクリアするか」でいっぱい。先生の説明も上の空ですから、新単元の勉強をクリアできるはずがないのです。

一方、親は子どもがそんなことで悩んでいるとは気づきませんから、「この子はこの単元が苦手なんだ」などと思い込んでしまうのです。たまたまできなかっただけかもしれないのに、です。

「苦手」という思い込みは強固なもので、一度ついてしまうと、大人も子どももなかなか払拭することはできません。

もしかしたら、今日は上の空でできなくても、塔をクリアしたあとなら、難なく習得できるかもしれません。その日だけを見て、不得意・苦手という判断をしないでいただきたいと思います。

また、子どもに勉強をさせるときにも、

「うちの子は算数を苦手としているので、『苦手なんだから、もっとやりなさい！』と自分から進んでさせるようにはしているのですが、言わないとなかなか動きません」

というメールにあるように、「苦手だ苦手だ」と言い続けては、誰だってやる気を失ってしまいます。

算数の得意な子に育てるために親ができる一番のことは、モチベーションをアップさせることです。**できたところに注目して、「算数が得意」という気持ちを持たせることのほうが、苦手に注目するよりもずっと効果的**です。

褒めるところがない？　そんなことはありません。

80点のテストでできなかった20点の部分を見るのではなく、できた80点のところを褒める。文章題ができていたら、その部分を褒める。前回のテストより少しでも点がよければ、そこを褒める。モチベーションをアップさせるためには、子どものいい部分に注目することが何より大切です。

正しい勉強法 9

苦手より得意に注目する。

時期によるモチベーションの上下もありますし、単元による得意不得意もあります。苦手にばかり注目し、その復習をすることばかり考えるのではなく、得意な部分を先に進ませたほうが、子どももやる気になりますし、効果も上がります。

たとえば立体が苦手でどうしても理解ができないなら、一度そこはお休みしてもいいのです。そしてその間は、他の得意な単元の問題に取り組んでください。数カ月後に立体の問題に戻ってきたら、あっさりできるようになっている、ということはよくあります。

残念な真実
10

やる気を出させるつもりで、子どものモチベーションをくじく親は多い

親御さんがあれこれ頑張っているのに、子どもの成績が伸びない。それはもしかすると、親御さんが頑張りどころを間違えているだけでなく、お子さんの学ぶ意欲を削《そ》いでしまっているから、起こっているのかもしれません。

典型的な2つのタイプを見ていきましょう。

「教える」のではなく、「自分で解いてしまう」親

私たちはよく、ショッピングモールなどで教材の紹介イベントをしています。そこで最近気になるのが、**子どもの代わりに自分が問題を解いてしまう親御さん**です。

子どもがタブレットに表示された問題を解こうと、一生懸命考えていますが、なかなか手が動きません。すると30秒もした頃、

「こんなのもできないの？」

と子どもの後ろからタブレットをのぞき込み、パパッと解いてしまうのです。そして、

「ほら、こうやって解くのよ」

と子どもに言うのです。

親御さんとしては教えているつもりなのでしょうが、実際には子どもが試行錯誤するチャンスを取り上げているだけ。これでは子どもの力は伸びません。

教育熱心な親御さんの中には、このように自分自身で解答を出して、それを示すことが「教えること」だと勘違いしている方がいるのです。

「ここはこうやるのよ」

と自分で解いてしまうのですね。あるいは、子どもの勉強姿を後ろから見ていて、間違えそうになると口を出してしまう方もいます。

この状態になると、子どもは親御さんの操り人形ですから、自分で解く力などつかなくて当たり前です。一方親御さんは、

「こんなに教えているのに、なんでわからないんだろう」

と悩む。このボタンのかけ違いに、親御さんは気づかなければなりません。

次のメール相談からも、この様子を伺うことができます。

「もともと時計の概念がなかなか理解できず、苦手です。初回のテストでは私が少し解き方をアドバイスしてクリアしたのですが、概念がきちんと頭に入ってはいませんでした。今まで何度も説明をしているのですが、少し経つとすぐにわからなくなってしまいます」

このメールには、「初回のテスト」とありますから、一番始めから親御さんが答えを教えているということです。

試行錯誤することなく、最初から答えが示されるのですから、「自分で考える」ということをしなくなります。しかも、あたかも「子ども自身の力で解けている」よう

に見えるため、本当に理解するための解説も受けるチャンスを得られません。

もし、幼い頃からこのように勉強しているとしたら、「自分で考えて問題を解かなければならない」という意識が育つかどうか……。

このように、親御さんに勉強における主役の座を奪われているお子さんは、思いの外多いのです。


子どもの目の前で解いて見せるのでは、勉強を教えたことにはなりません。教え方がわからないときには、私たちのような学習教材や専門家の力を頼っていただきたいと思います。

きょうだいや他の子と、無意識のうちに比べる親

「お姉ちゃんはスイスイ解けていた筆算《ひっさん》が、妹はぜんぜんできないんです。どうしたらいいのでしょう？」

私たちのもとには、こんな相談も届きます。姉妹とはいえ別人です。お姉ちゃんができていたからといって、妹ができるとは限りません。当たり前のことだと思われるかもしれませんが、子育ての渦中《かちゅう》にいると、そんなことが見えなくなってしまうのです。

比べるのはきょうだいだけではありません。

「○○君はできるのに、なんでこの子はできないんだろう」

「前の単元は○○ちゃんより速く解けていたのに、この単元はうちの子のほうが遅い」

そんなふうに感じたことがある方もいるかもしれません。

子どもによって学力の伸び方、最適な勉強の仕方は違います。あるいは、問題そのものの難易度とその子が感じる難しさも、違う場合が多くあります。きょうだいや周りの子のレベル、やり方をそのまま押し付けても、その子にとっていい結果は得られないのです。

小さい頃を思い出せば、子どもによって寝返りをする時期や歩く時期、言葉を発する時期に違いがありました。そして今ではみな、きちんとできるようになっているはずです。

算数も同じです。他の子ができていて、我が子ができないと不安に思うこともあるかもしれませんが、その子にはその子なりのペースと個性があります。

親御さんにできることは、そのペースや個性を尊重することです。尊重してもらえれば、子どもはじっくりと力をつけていくことができます。

大丈夫、習得が遅くても、どんな子でも諦めなければ、必ず力はついていきます。

学校ではどうしても周りの子と比べられてしまいますし、子ども自身、自分と周囲を比較しています。

「あの子は100点だったのに、自分は……」

と誰に言われなくても傷ついている場合もあるのです。みなさんはお子さんから、

「○○ちゃんは、頭がいいんだよ」

「○○君は、100点だったんだよ」

などと、勉強ができるお友達の話を聞いたことはありませんか？　周りの成績を気にし、自分の成績を気にしている子は、そんなふうに親に話をすることもあります。

そんなときに、家でも、

「○○君はできるのに、なんであなたはできないの」

などと言われたら、子どもは逃げ場がなくなってしまいます。家庭では他と比べるのではなく、その子自身の成長に目をむけてください。

正しい勉強法

10

教えなきゃいけないのは、解き方ではなく考え方。

残念な真実
11

親にできることは、実のところ「ほんのわずか」

「勉強ばかりは本人に頑張ってもらわないと仕方ない」

勉強、とくに算数において、これは本当に真実なのですが、順調に成績がアップしていくお子さんの周囲の環境には、「ある共通点」が見られます。この項目では、その共通点――**子どもの成績アップのために親にできること**についてお話ししていきましょう。

ＲＩＳＵでは、子どもの進度の報告や成績のデータなどを、複数の会員にメールで送信できるようになっています。そして、できるだけ両親や祖父母を含めた複数で、子どもの算数の学習状態を把握してもらうようにしています。

そこで、複数のメールアドレスを登録している家庭と、そうでない家庭においての子どもの学習スピードを比較したところ、前者は後者より平均して148%にも学習スピードがアップしていたのです。つまり、**見守る大人が多いと、子どもの学習は進む**のです。見守る、というのは、子どもの学習進度を把握しておくだけではなく、たとえば立体を勉強している子に、

「今、図形の勉強しているんだって？　頑張ってるみたいだな」

と声をかけたり、

「同じ立体をこのブロックでつくってみよう」

と週末を使って一緒に遊んでみたり、ということです。

あるいは単に

「次の範囲に進んだんだね」

と声をかけるだけでも、子どもの学習は加速します。

実はこの複数での見守りシステムを始めたのには、とくに理由はありません。なんとなくよさそう、という程度でした。やってみると予想外に学力差が出て、私もびっ

くりしたというのが本当のところです（笑）。

この見守りは、ご両親だけにできることではありません。ぜひ、祖父母も含めてみてください。おじいちゃん、おばあちゃんは、孫を褒めるのが親より上手です。親以上にたくさんのプラスの声かけをしてくれるでしょう。

子どもの勉強内容を複数の大人が気にかける。そしてその頑張りを認めて、ポジティブな声かけをする。ささいなことに思うかもしれませんが、それだけで、子どもの成績はぐんぐん伸びていきます。

非常に簡単で、とても効果の高い方法ですから、ぜひ試してみてください。

正しい勉強法
11

子どもの勉強は、たくさんの大人で見守るほどよい。

残念な真実 12

「女の子だから」は言い訳にならない

これは、女の子にとってはむしろ、歓迎すべき真実だと思います。

「男の子は数学（理系）が得意。女の子は苦手で、文系が得意」と思っている方は多いかもしれませんが、これは**ほぼウソ**、です。

まず、計算については、ほとんど男女差はありません。

桁の大きな引き算や、小数・分数の細かい計算、素因数分解では、女子のほうが男子をやや上回るという結果も出ています。このような、丁寧さが必要とされる計算は、女子のほうが得意といえそうです。

一方、図形（特に立体）やグラフに関しては男の子が女の子を上回ることが多いようです。私たちのデータでは、男子の平均点を100とすると、女子はその85％ほどに留まりました。

ですから私たちの結論としては、

・「女の子は算数が苦手」というのはウソ

・ただし、女の子は計算分野が得意なことが多く、男の子は図形分野が得意なことが多いという、「分野による男女の傾向の差」はある

ということになります。

「女の子は算数が苦手」のイメージを覆す4つの戦略

この事実を踏まえたうえで、女の子の算数の力を伸ばすために気をつけたいポイントを4つまとめました。

文系か理系かの自己認識（学校段階別・性別）

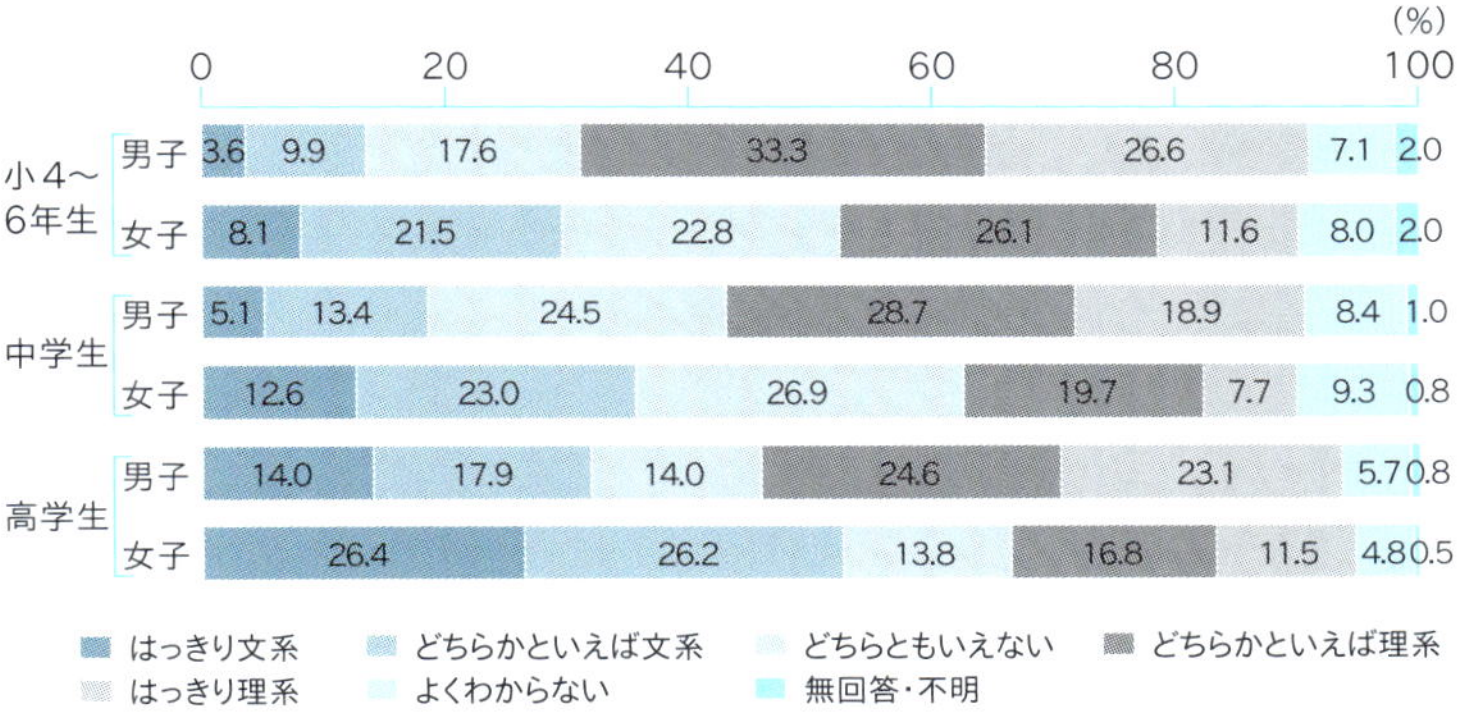

出典：東京大学社会科学研究所・ベネッセ教育総合研究所「子どもの生活と学びに関する親子調査2016」

1「自分が苦手だったから娘も苦手」と「自己投影」しない

現代の日本においては、「男子は理系、女子は文系」というイメージは根強くあります。

たしかに、東京大学とベネッセが共同で行なった調査では、小学校4〜6年生の男の子は文系が13・5%に対し理系が59・9%、女の子は文系が29・6%に対し理系が37・7%と、男女によって傾向に差がありました。その差は高校生になる頃にはさらに広がっていて、高校生の男の子は文系が31・9%に対し理系が47・7%、女の子は文系が52・6%に対し理系が28・3%でしるでしょう。

た。この調査は、「男子は理系、女子は文系」というイメージを裏づけているといえるでしょう。


また、多くのお母さんたちは無意識のうちに、

「私が得意なことは娘も得意、苦手なことは娘も苦手」

と思ってしまうことがあるようです。


この2つの事実が合わさった結果、お嬢さんが図形を理解しようと考えている姿を見ただけで、

「お母さんも苦手だったから、しょうがないね」

「その問題、難しいね。お母さんはわからないよ」

などと、慰めるつもりで声をかけてしまう方がいます。これが子どもに苦手意識を植えつけるきっかけとなり、その実力を下げてしまっていることに、多くのお母さんは気がついていないようです。

このように言われてお嬢さんが思うのは、

「お母さんもできなかったんだから、私が苦手でもしょうがない」

「きっと頑張ってもできるようにならないんだ」

ということ。前向きに取り組む姿勢自体を失ってしまいます。

2 その子自身の興味を無視した「女の子向けの習い事」はやめる

本項目の冒頭で紹介した「男の子は図形がやや得意、女の子は計算がやや得意」というのは、先天的なものではなく、生まれてからこれまでの**環境によって決まっているる**という説があります。


お嬢さんにどんな習い事をさせているでしょうか？

厚生労働省が5歳6カ月の子どもを対象に行なった「第6回21世紀出生児縦断調査結果の概況」の「習い事」の統計によると、女子の習い事でもっとも多いのは「音楽（ピアノなど）」で24・9％となっています。次に「水泳（18・3％）」「英語（14・1％）」「体操（9・8％）」「バレエ（6・0％）」と続きます。

この中で、他の習い事に比べて男女差が大きいのが「音楽」と「バレエ」です。男子の割合は、「音楽」7・7%、「バレエ」0・1%ですから、親御さんが「女の子にさせたい習い事」としてこれらを選んでいることが伺えます。この調査は5歳児を対象としていますから、多分に、

「女の子にはこのような習い事をさせたい」

「こんなふうに育ってほしい」

という願望が含まれていることが予想されます。

最近増えているロボット教室やレゴ®教室などは、図形や立体への能力を大いに伸ばしてくれます。

最近では女の子の姿も見かけるようになりましたが、まだ2割、多くて3割といったところでしょうか。お嬢さんを長くロボット教室に通わせているお母さんに話を聞いたところ、

「5年前までは、女の子はうちの娘一人でした」

とのこと。理数系の習い事は、男子が格段に多いという傾向は顕著です。

性別に見た習い事の種類（複数回答）

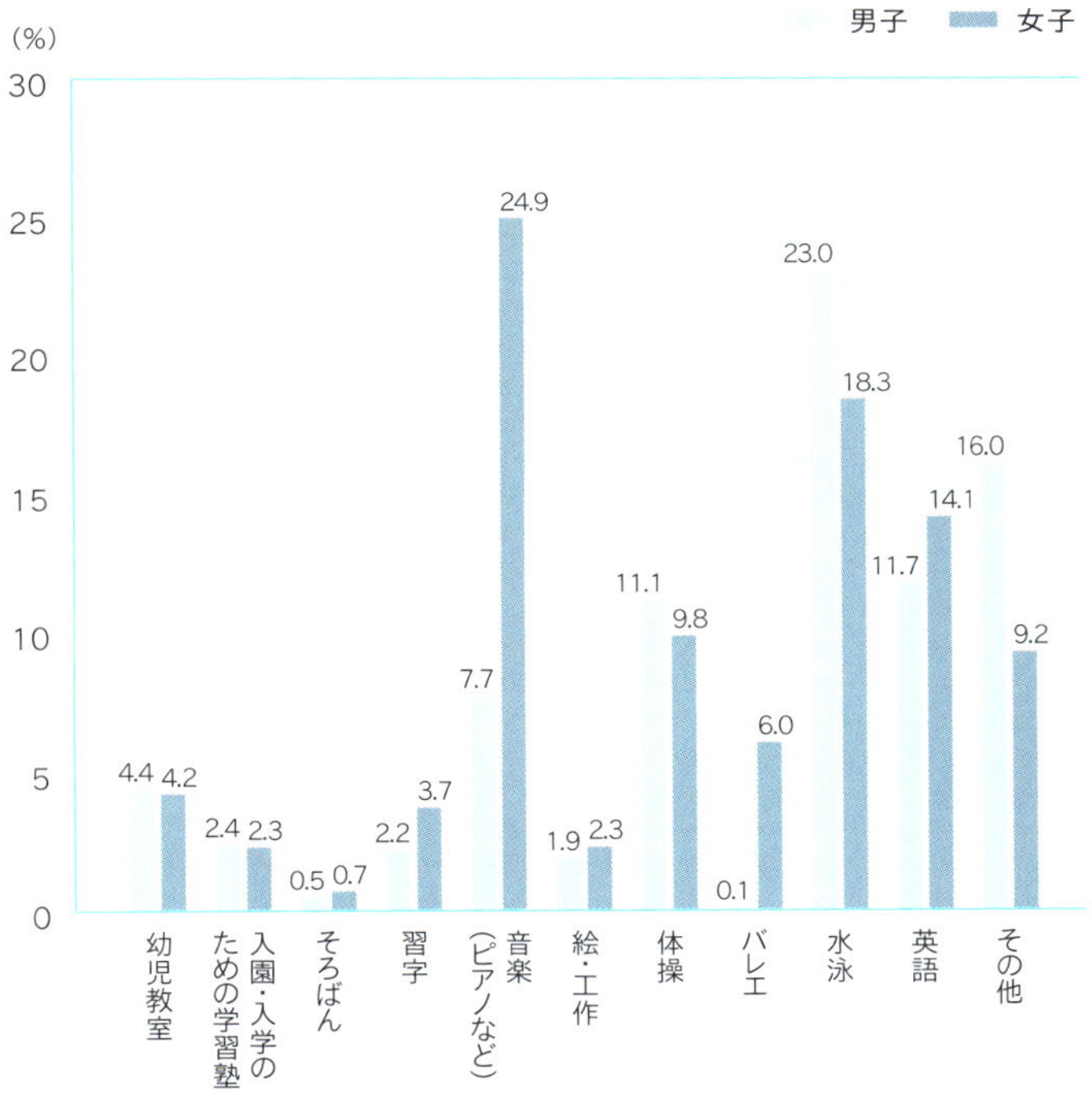

男女で人気の習い事は違う！

※第6回調査の回答を得た者（総数38,535（男児20,013、女児18,522））を集計。

出典：厚生労働省「第6回21世紀出生児縦断調査結果の概況」

このような環境が、男の子と女の子の得意不得意の方向性を決める一因ではないか、と私は考えています。

実際、図形などの分野に関しては、そもそもの能力の差以上の差が、男女で開いてしまっているように思うのです。

「女の子だから」という理由だけで習い事を決めるのではなく、まずは幅広く子どもの興味を探ってみてください。

お嬢さんの興味は、本当はピアノやバレエでなく、ロボットやプログラミングにあるかもしれません。しかし、小さい頃から「女の子らしい習い事」に囲まれて過ごしていたら、その大切な「芽」が成長し花開くことはないかもしれないのです。

3　男の子とのスピード勝負は避ける

算数の能力に関しては男女の差はないと思っていますが、その**取り組み方には男女**

で大きく傾向が分かれると私は考えています。

男の子はスピード勝負！　問題を解くのもとても速いのです。だからといって、正答率が高いとは限りません。

一方女の子は、時間をかけて丁寧に解く子が多い。模試などでも、時間内に全部終わらせた男の子と、８割方しか終わらなかった女の子の点数が同じということはよくあるものです。

図形の問題にしても、男の子は見た途端に解き出します。手を動かしながら考えているともいえますね。

一方女の子は、まずじっと図形を見る。そして考える。そしてやっと解答をする。

そんな様子を見ていると、女の子の親はつい、

「あの男の子と比べて、この子は図形が苦手なんだ」

と思ってしまうようです。次に挙げるのは実際に届いたご相談メールです。

「図形問題では、周りの子が解き始めているのに、うちの子はパパッと解くことがで

きず心配です。何か対策を教えてください」

実際のこの女の子の図形の成績を見てみると、進捗も速く、解答率も平均を上回る結果でした。つまり、図形は得意なのです。しかし、親御さんにはそうは見えていないということです。ここにも「女の子は算数が苦手」と思い込ませてしまう原因があるかもしれません。

女の子はじっくり取り組む子が多い。そのことを忘れずに。**男の子とスピード競争をさせては、じっくり型の女の子は実力を発揮できません。**

また、**図形が苦手だからといって、算数全般が苦手というわけではありません。**図形にこだわらずとも、得意な部分を伸ばすことで、点数の底上げはできます。よい部分を見つけ、そこを伸ばすことも、全体的な算数の力を上げることにつながることを忘れないでください。

4 「遊び」を通して、女の子の図形の力を伸ばす

私には2歳の息子がいるので、何かの折にはおもちゃ売り場を見たり、知人や親戚からおもちゃをもらったりします。そこで日々、感じていることは、男の子と女の子のおもちゃは、ずいぶん違うものだということです。

男の子のおもちゃのほうが、図形的。レゴ®やプラモデルなど、立体を扱うおもちゃが当たり前のようにたくさんあります。

レゴ®などで日常的に遊んでいた子は、119ページのような算数の問題で、ブロックを積んだ形が出てきても、

「見えない部分にも、隠れているブロックがある」

「後ろに何個ある」

ということが、わかるのです。

一方、多くの女の子の遊びには、そういった立体図形の要素は出てきません。その

ため、いきなり紙の上でこのような問題を教えてもピンとこない。2章で詳しくお話ししますが、3次元のものを2次元で教えるというのは、そうとう難しいことなのです。

せめて、このような問題を教えるときには、**実物を使う**ようにしてください。女の子にとっては、とくにこれが重要です。同じようにブロックを積んで、後ろにいくつ隠れているのかを実物を用いて解答させましょう。

さらにいえば、女の子だって、小さい頃からブロックやレゴ®で遊んでいれば、自然と図形に対する感覚は鋭くなります。

お人形遊びやおままごとが好きな子に、無理やり親が選んだブロックで遊ばせるのはやり過ぎですが、おもちゃのひとつとして用意しておいてあげれば、女の子が自然と立体図形に触れる機会も増やせるのではないかと思います。

正しい勉強法

12

おもちゃや習い事で、男女差をつけない。

7 図形（小学校1年～2年生）

れんしゅうもんだい

この図の立体は何このブロックでつくられていますか？

1

□こ

2

□こ

答えと解説は120ページ

答えと解説

119ページ

れんしゅうもんだい

7 図形
（小学校1年～2年生）

この図の立体は何このブロックでつくられていますか？

❶

14 こ

❷

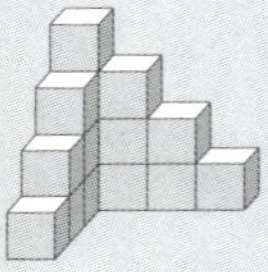

16 こ

コメント

図で見えているところ以外にもブロックはあります。まずは実際にブロックで立体をつくってみて、仕組みをよく観察すると、理解度が大きく変わります。

解説

❶
1段目… 1個
2段目… 1辺に2個ずつなので、2×2＝4（個）
3段目… 1辺に3個ずつなので、3×3＝9（個）

1+4+9=14（個）

❷
1段目…1個
2段目…3個（見えない部分に1個ある）
3段目…5個（見えない部分に1個ある）
4段目…7個（見えない部分に1個ある）

1＋3＋5＋7＝16（個）

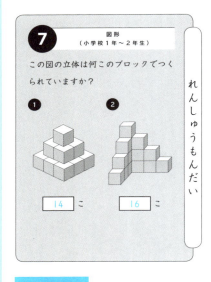

コラム　女の子が遊びで算数と親しむには？

どんな遊びや本が、女の子の理数的な興味を伸ばすのでしょうか。

私のお勧めは、プラネタリウムです。星座や星というのは、純粋に美しいので、興味を持つ女の子は多いのです。見ているだけでも楽しいのですが、「冬の大三角形」「南十字星」など、図形の要素がふんだんに盛り込まれています。

また、太陽の大きさは地球の約１０９倍、太陽までの距離は約1億５０００万kmなど、「○倍」「大きな数」「単位」など、算数的な要素にあふれています。

一方で、星座にはそれぞれ固有のストーリーがあるなど、物語好きの女の子にとって、とっつきやすいのもお勧めの理由です。家に1冊、星と星座の本や宇宙図鑑などを置いておくと、お嬢さんが興味を持ってくれるかもしれません。

本では、探偵ものなどのミステリー小説がお勧めです。トリックの中には、論理的な思考や立体的な構造を想像することが必要なものが多くあります。理系的な能力を楽しみながら伸ばしてくれるでしょう。

「江戸川乱歩シリーズ」「シャーロック・ホームズ」「怪盗ルパン」など、イケメンの出てくるものは、女の子もはまりやすいはずです。

実際、早慶・東大女子への好きな本に関するアンケートでは、2~3人に1人が「子どもの頃に熱中した本」としてミステリー小説を挙げていました。

遊びの延長としての、お買い物のお手伝いは女の子にぴったりです。男の子は数字をひたすら並べるなど、数そのものを扱うおもちゃを好むのに対して、女の子は「お買い物ごっこ」や「銀行ごっこ」など、お金を使った数字遊びを好みます。そのような性質を利用して、お買い物を頼むといいと思います。300円を渡して、

「この金額以内で好きなお菓子を買ってきていいよ」

と言えば、よい計算の練習になります。概数（おおよその数）を使って考えたり、消費税のためにかけ算をしたりと、算数的な学びを多く得られるでしょう。

ぜひ、遊びを通して女の子がますます算数が得意になる工夫をしてみてください。

残念な真実 13

算数嫌いは、「算数を教えるのが得意」な先生のもとで生まれている

算数への苦手意識や、算数が嫌いという気持ちは、何歳くらいで生まれるものだと思いますか？

なかには、生まれつきやもともとの素質と感じる方もいるかもしれませんが、決してそんなことはありません。最初はみな、好きや嫌いといった気持ちを持たずに算数に接しています。それなのに、問題が解けたり解けなかったり、そのときの大人のリアクションだったり、理解できたりできなかったり……という様々な要素で、徐々に「算数が好き・嫌い」「得意・不得意」に分かれていきます。

子どもの算数好き・嫌いは、だいたい**3年生**くらいになると明確に分かれていきます。

苦手科目の分布

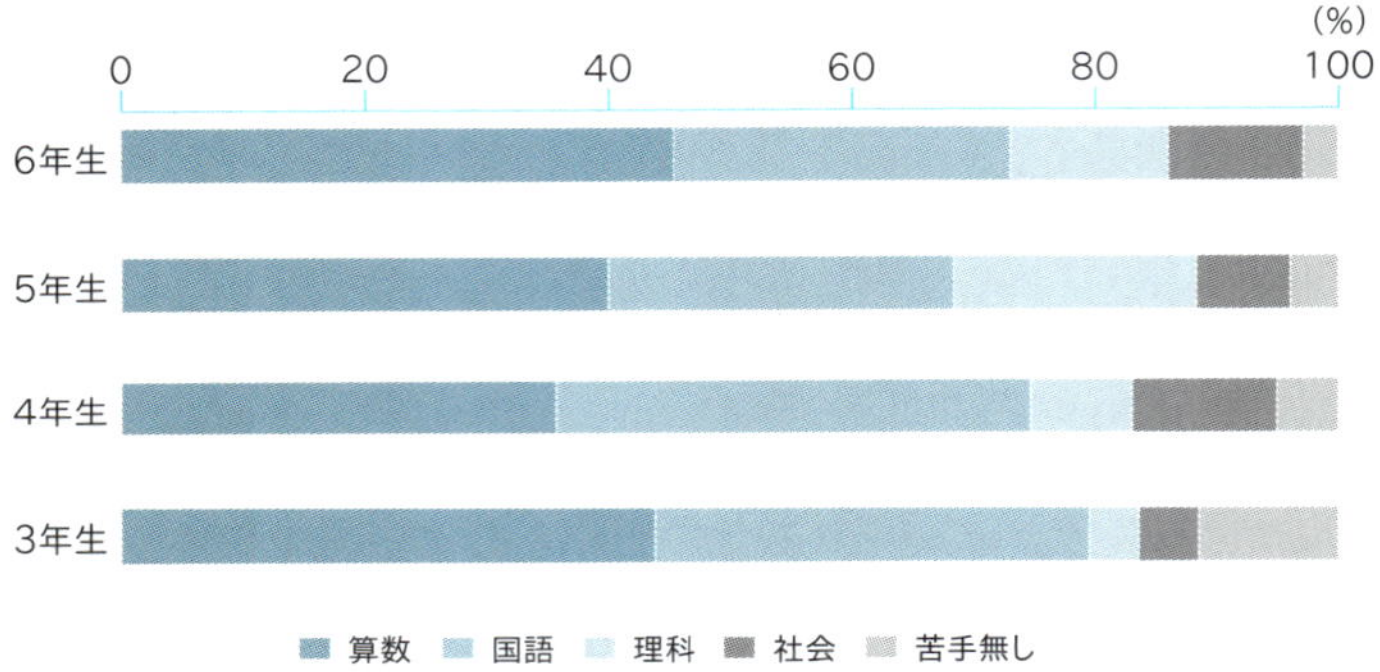

※小学1〜6年生の子どもを持つ親を対象にした「苦手科目・克服したい単元」に関するアンケート調査結果（2010）より抜粋

上のグラフは２０１０年に行なわれた、幼稚園から小学生の苦手な科目・単元調査です（「中学受験情報局　かしこい塾の使い方」スーパーウェブ（神戸市中央区京町））。３年生から６年生まで、苦手科目のトップは一貫して算数となっています。

グラフをご覧いただけるとわかるように、およそ40％の子どもが算数を苦手科目としてあげています。他の科目と比べても、算数に苦手意識を持つ子が多いことがわかります。

指導の得意・苦手（教員の回答）（n = 2,688）

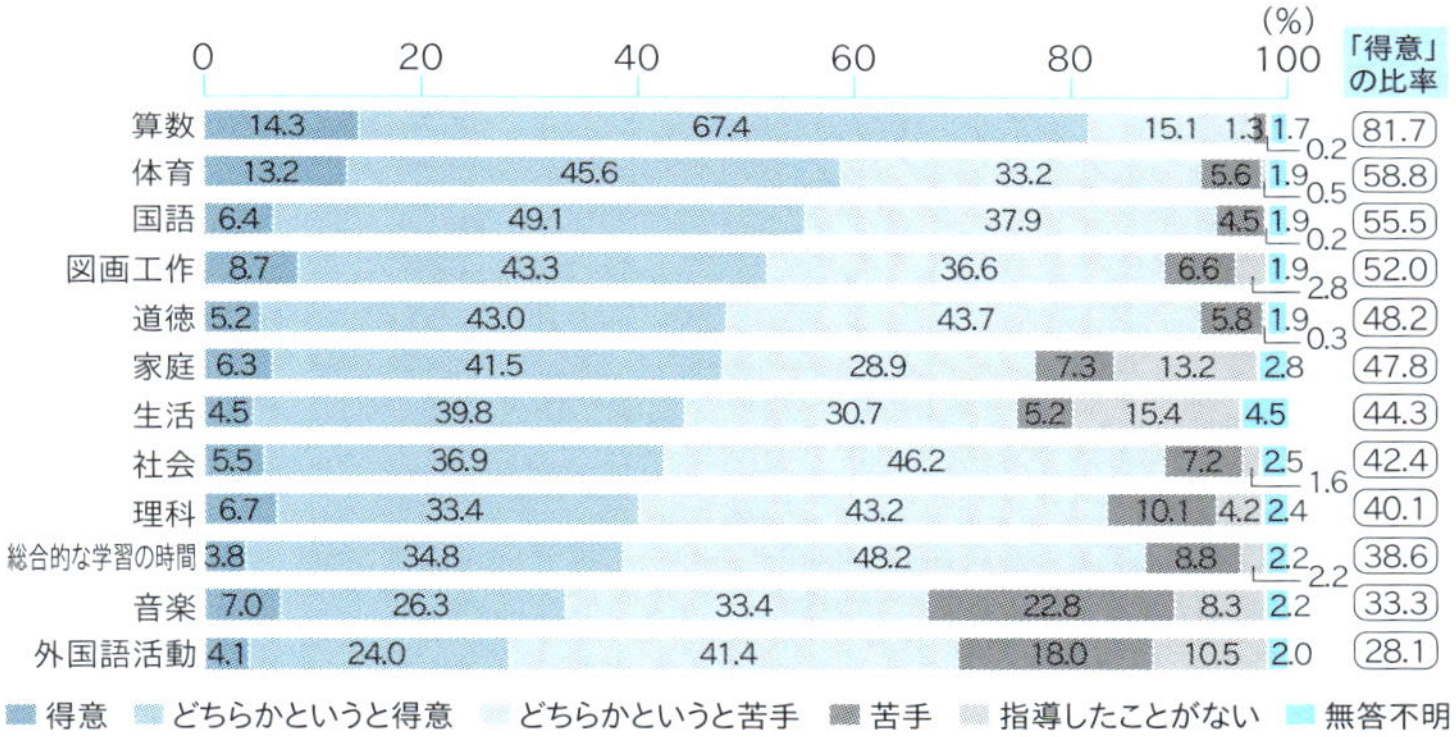

※Benesse教育研究開発センター「第5回学習指導基本調査」より抜粋

算数をめぐる残念な食い違い

この統計に関連して、もう一つ、興味深い調査があります。

上のグラフは２０１０年に行なわれた「第５回学習指導基本調査（小学校・中学校版）」で、小学校の先生に対して「教えるのが得意な教科」について尋ねたものです。

外国語や音楽、理科などに関しては、多くの先生方が「教えるのが難しい」と感じていることがわかります。

一方、この調査において、８割を超える多くの先生方は、算数については、「教えるのが得意」「どちらかというと得意」という意識を持っています。

ここで紹介した2つの調査結果からわかることは、**「多くの先生は「算数を教えるのは得意」と思っているが、反対に多くの子どもは「算数が苦手」と思っている」**ということです。

なんという皮肉な結果でしょうか。小学校の現場で起こっているのは、「教えるのが得意」と思っている先生によって、算数がわからない子が量産されている、ということなのです。

算数を教えるのが本当に得意な先生であれば、子どもに苦手意識を持たせることはないはずです。しかし、実際にそうはなっていないのです。

食い違いが実はすごく深刻な理由

この算数をめぐる先生と子どものすれ違いは、その事実以上に深刻です。

たとえば理科や社会のように、先生自身が「あまり上手に教えられない」と認識し

こうなって
こうなる
つまり
52
だから〜
?
?
...

ていれば、よりわかりやすい授業を目指して、先生自身が向上していくでしょう。あるいは、子どもがきちんと理解できているか、他の科目以上に目配りをしてくれるでしょう。その影響でしょうか、統計を見ても、理科、社会に対する子どもたちの苦手意識はとても低いことがわかります。

一方算数に関しては、多くの先生方は「自分は教えるのが得意」と思っています。それだけに、他の科目に比べて授業をよりよくしようというモチベーションは湧きづらいはずです。また、子どもに対しての目配りがおろそかになってしまうかもしれません。

結果、**算数は苦手になる子どもが多く、さらにその子たちの多くは算数が苦手なまま、取り残されてしまう**のです。

このような先生と子どもの食い違いの悪影響は、算数だけに留まりません。もう一度、苦手科目のグラフを見てみましょう。３年生の理科、社会のところです。３年生になると、子どもたちは「生活」から、「理科」「社会」という教科に変わります。これが子どもたちはとてもうれしいのです。なんだかお兄さん、お姉さんになったような気持ちになりますし、虫眼鏡を使ったり、昆虫の模型をつくったり、町探検に出かけたりと、とても楽しく理科、社会を学びます。

問題になってくるのは、5年生。とくに理科です。

5年生、6年生になると、「電磁石」「振り子」「物の溶け方」「てこの働き」「電流・電気」など、物理分野の内容が入ってきます。

たとえば「物の溶け方」では水溶液の濃度、てこでは重りの重さ、電流では電流の強さが何倍になるかなど、暗記ではなくグラフの読み取りや計算が入ってきます。

ここで算数に苦手意識を持つ子が、一気に理科も嫌いになってしまうのです。**算数嫌いが、理科嫌いにつながってしまう**のですね。

「算数を教えるのが本当は苦手」な先生に対して、親御さんができること

このように、算数が苦手な児童を多く生み出しているにもかかわらず、先生はそれに気づいていません。本来であれば、今すぐにでも算数の授業を改善すべきなのですが、実はこの「改善」や「授業の工夫」に関しても、統計は残念な真実を示していま

す。それについては次の項目でご紹介します。

もしも、「算数を教えるのが得意」という先生のもとで「算数が苦手」になってしまった子どもに対しては、どうしたらいいのでしょうか。

それは、本書でこれまでお伝えしてきたことと共通です。

３つのポイントの何でつまずいているのかをきちんと把握し、つまずいたところまできちんと戻って学習すること。そのために、本書をますます活用していただければと思います。

正しい勉強法

13

算数は学校の先生に任せっきりにしない。

残念な真実
14

先生が授業の工夫をするほど、子どもの成績が下がる

前項の内容を読んで「先生にはもっと授業の工夫をしてもらわなければ！」と思われた方、ちょっとそれは待ってください。ここにも残念な事実があるのです。

実は「先生が自分のカラーを出そうとして、クリエイティビティを発揮すると、子どもの成績は下がる」という統計データがあります。

アメリカには、「Direct Instruction（ＤＩ）」という教育法があります。これは、ジークフリード・ジグ・エンゲルマンによって提唱された教育方法で、少人数グループの学力が同程度の生徒たちに、１分間に平均10回の回答を次々にさせる形式で授業が行なわれるというものです。

この教育法の最大の特徴は、授業がすべてマニュアル化されていること。教師が生徒に投げかける質問すら、すべて決められています。

授業がいわば「脚本」のように決められていて、教師はその脚本に沿って授業を進めることが求められているのです。

そこにはオリジナリティの入り込む余地はありません。

このＤＩですが、その有効性は、7万9000人の低所得者コミュニティの児童を、20年間追跡調査することで裏づけられています。この調査では、すべてマニュアル化されたＤＩのような方法から、子どもが自分たちの学習を主導する教育モデル、学習への熱意や自尊心に重きを置いた教育モデルまで、17種類の教育方法を比較しました。

するとその結果、ＤＩで教育を受けた子どもの成績が、他の教育法で学習した子どもと比べて圧倒的に上回っているということがわかったのです。

さらに驚くべきことに、その成績の差は基本的な読み書き能力だけではなく、思考力を必要とされる高度な問題や、数学的な能力を必要とされる問題にまで及びました。

つまり、

・優れた教育法のマニュアルのもと、教師がそのマニュアル通りに教えることで、子どもの成績が圧倒的によくなる

・読み・書き・計算だけでなく、「類推する力」や「情緒面（主に自尊心）」に関しても、マニュアル通りに教えたクラスのほうが、成績がよくなる

ということをこの調査は示しているのです。アメリカではこの大規模な調査のために6億ドルもの大金を費やしたそうですが、それ以上の結果が得られたといえますね。

なぜ「先生のやる気」が子どもの成績を下げるのか？

やる気のある先生が工夫にあふれた授業をすると、生徒の成績が下がる。どうしてこのようなことになってしまうのでしょうか？

皆さんは「守破離《しゅはり》」という言葉をご存知でしょうか。日本のお稽古《けいこ》ごとや武道などでよく使われる言葉です。

まずは「守」、型を守りましょうということ。教わった通り、基本に忠実にその技を身につけることに邁進《まいしん》する段階です。

次に「破」です。基本を基にして、オリジナリティを加える段階です。

そして最後は「離」。これまで習ったことから離れて、自分自身の流儀を確立してゆく段階です。

野球に置き換えれば、まずはしっかり素振りをし、教えられた通りに基本のスイングができるようになる。

その後、だんだんと自分の得意な打ち方が見えてくる。

最終的に「〜打法」と呼ばれるような打法を生み出すといったところでしょうか。

イチローの「振り子打法」や王貞治《おうさだはる》の「一本足打法」はまさにバッティングにおいての「離」を体現しています。

話を野球選手から、学校の先生に戻しましょう。

クリエイティビティを発揮して生徒の成績を下げている先生は、「守」も満足にマスタートしていないのに、「破」や「離」の段階に突入しようとしているのかもしれません。まずは、よりよい教育理論に則《のっと》って、より多くの子どもたちが理解しやすい形で教えてくれる、自らの経験だけに頼らない先生が、教育現場では求められているのです。

「マニュアル通り」の授業で子どもの自尊心が伸びる理由

ところで、**先生がマニュアル通りに教えることで、子どもたちの自尊心のスコアも伸びる**のはなぜなのでしょうか。

その理由を示す明確な統計データはないため推測にはなりますが、学校においては、成績のよさと自尊心の高さがある程度比例するからではないかと思います。

成績がいい子は、周りから褒められ、認められる。みんなの代表として発表をしたりする機会も多くなるでしょう。こういったことの積み重ねが、自尊心を上げることにつながっているのです。

「マニュアル通りに教えたから、自尊心が上がった」のではなく、**「マニュアル通り**

に教えたことで成績が上がったから、自尊心が上がった」という関係があると考えるのが自然です。

自尊心が低い子に、個別の心のケアが必要な場面は確かにあると思いますが、一方で、より多くの子どもの自尊心を育てるには、成績を上げる授業をするのが一番です。ずっと30点しかとれない子が、１００点をとれるような授業になれば、自尊心は自《おの》ずと上がっていくのです。

正しい勉強法

14

大切なのは、授業の工夫よりも「基本をしっかり教えること」。クリエイティビティを封印した先生のほうが、子どもの成績を上げやすい。

自尊心UP
できる!
100
マニュアル通り
わかる!
理解度UP

残念な真実
15

間違った「ご褒美」が、子どものモチベーションを下げる

子どもはすぐに勉強のモチベーションを失います（笑）。

ＲＩＳＵではウェブを通して子どもたちの学習に伴走するために、チューターとして東大や早慶の学生さんの力を借りていますが、その全員が全員、「子どものモチベーションが長続きしない」というのを日々実感しています。

たとえば、「先生が嫌い」というだけで、子どもは勉強をしなくなりますし、課題が難しすぎたり、逆に簡単すぎたりしてもやる気を失ってしまいます。

このように、子どものモチベーションはとてももろいものですから、ご家庭でも子どものやる気をオンにするのには、苦労をされている方もいるかもしれませんね。

そこで、この項目では、子どもをやる気にさせるコツをお伝えしていきます。

まず、私が運営している算数のタブレット教材ＲＩＳＵでは、子どものモチベーションを維持するために**「ご褒美」を活用**しています。

問題を解くごとに細かくポイントが加算され、それを集めて景品と交換できるようになっているのです。ポイントが貯まること自体がご褒美の機能を持っているだけでなく、いずれは好きな景品を得られるので、多くのお子さんは楽しんでポイントを増やしてくれています。

あなたは大丈夫？　多くの家庭が知らずに実践している「間違ったご褒美」

このように、ご褒美は上手に活用すれば、子どものモチベーションを上げてくれるものですが、そのあげ方には注意が必要です。あるご家庭で起こった、ご褒美の残念な事例から、正しいあげ方を見ていきましょう。

「この問題集を終えてマルまでつけ終わったら、マンガを買ってあげる」

このように小学校４年生の女の子と約束をして、子どもは勉強を始めました。その子はやる気をみなぎらせ、一気に問題集を終わらせます。そしてそのままの勢いでマルをつけてお母さんに問題集を渡しました。

お母さんも、子どもが約束通りに「問題集を終えた」ため、大好きなマンガを買ってあげました。

しかし後日、ある問題が発覚します。お母さんが問題集をチェックしてみると、正答率がとても低い。さらに、間違った答えが書かれているものにも、全部「マル」がつけられていたというのです。

この女の子は「終わらせる」ことに集中しただけで、「問題を解き、理解力を高める」という本来の目的には集中していなかった、というわけです。

このような間違い、みなさんのご家庭でもあるかもしれません。

「宿題が終わったらおやつを食べていいよ」

これも同じく「終わらせる」ことにフォーカスした言い方です。お腹が空いておやつを早く食べたい子は、きっとぱっぱと宿題を「終わらせる」はずです。**ご褒美はうまく使わないと、ずるをしたりはしょったりする理由にもなってしまうのです。**

子どものやる気を10倍高めるご褒美活用法

では、どのようにご褒美を活用すれば、子どものやる気をきちんと上げることができるのでしょうか。

効果的なご褒美は、**子どもの実力に対してご褒美を出す**、という方法です。親からの声がけの例としては、

「全部マルになったら、おやつにしよう」

「全部マルになったら、マンガを買ってあげる」

というところでしょうか。ただ「終える」だけでなく、間違えた問題は正しくできるようになるまで何度でもやり直しをさせること。このようなやり方だと子どもは早

く丁寧に取り組むようになります。

あるいは、漢字の書き取りなど、マルバツがつかないものであれば、最初に親が基準を示してあげるといいですね。

「このくらい丁寧に書けたら」

という具合です。


このように、ご褒美は正しく使うことで、子どもを一気にやる気にすることができます。たとえばあるご家庭では、「RISUで30分勉強したら、ゲームを30分していい」というルールになっているそうで、ゲームをしたい息子さんから、

「ママ！　RISUしていい？」

としょっちゅう聞かれるといいます（RISUは、正しく解けるまでは何度も同じ問題をくり返すため、時間だけで区切っても、理解がおざなりになることはありません）。

ご褒美のパワーはすさまじいですね（笑）。

ご褒美を使わないやる気の上げ方

そうはいっても、なかには、

「ご褒美は子どもにとってよくない」

という考えの方もいるかもしれません。そういう方は、ご褒美の代わりに、**「習慣化」**を試してみてはいかがでしょうか。


テレビやゲーム、マンガにおもちゃなど、誘惑が山ほどある中で、

「さあ勉強をするぞ」

と腰を上げるのは、子どもにとってはけっこう大変。ですから、**勉強時間を何かとセットにして習慣にしてしまう**のです。たとえば、

「お母さんが朝食の準備をしている間に勉強する」

「テレビの前には20分間勉強する」

など、食事前、テレビ前といった楽しみの時間の前を勉強にあてるようにします。

習慣化とは、「ご飯を食べたら歯を磨く」というように**「このときはこれをする」**と条件づけることです。毎回毎回気持ちの切り替えをしなくてよくなるため、一度身につけた後は、子どもたちは楽に誘惑に打ち勝つことができるのです。

正しい勉強法
15

ご褒美は「全部マルになったら」あげる。

2

ここでのつまずきは致命的！

「なぜ解けないの!?」と、ママが首をひねる5つの問題

ワースト1

2〜3桁の位の理解（小学校1年〜2年生）

低学年でつまずく子どもが圧倒的に多く、全学年でもっとも危険な単元の1つ。

危険度 

ポイント

- 位の理解が甘いままだと、算数全体の理解が難しくなる。
- 低学年では、位がわかっていなくてもパターン暗記で計算を乗り切れてしまうため、わかっていないことに気づけない。
- 3、4年生になって数字が大きくなり、小数が出てきたときに、対処できず、手遅れになることが多い。

れんしゅうもんだい

1 位
（小学校１年〜２年生）

□に入《はい》るかずをこたえましょう。

① 10が３こと、１が３こで □

② 134の百《ひゃく》のくらいは □、十《じゅう》のくらいは □、一《いち》のくらいは □ です。

③ つぎの やじるしが さす かずは いくつですか。

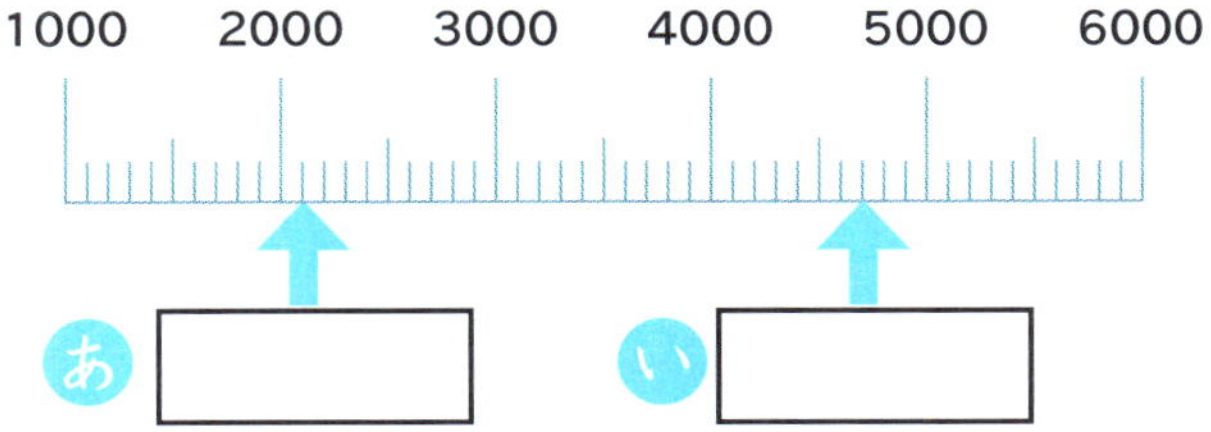

いちばん 小《ちい》さい 目《め》もりは 100を あらわしています。

答えと解説は38ページ

「位がわからない」はなぜ起きる？

ほとんどの子どもがつまずくのは、「位」です。そう、一の位、十の位、百の位のあの「位」です。

そもそも「位」というものは意味が捉えにくく、多くの子どもは、「どのくらいだった？」のような形でしか、耳にしたことのない言葉かもしれません。そんな言葉が、教科書では説明なしに、いきなり登場するのですから、とまどうのは当たり前です。

ちなみに、今、本書を読んでくださっている方は、「位」を正しく説明できますか？ちょっと考えてみてください。

きっと難しいと思ったのではないでしょうか。

「位」は「ある序列の中での位置」を表す言葉ですが、もっと易しくいえば「場所」

のことです。**数が置かれる「場所」を表しているのが「位」なのです。**

このように、そもそもが抽象的な「数の概念」を扱っている学習内容であるために、具体的にイメージすることができません。

たとえば、りんご5個とりんご6個を足せばりんごは11個になり、たしかに位は1つ増えますが、目で見える何かが変わるわけではありません。このために、多くの子どもが「位」を難しく感じてしまうのです。

「位」は、数字の概念を理解する一番の基本

位というのは、くり返しになりますが、数を扱ううえで基本となる概念です。特に中・高学年になって大きな数の計算をするようになると、位の概念を理解しているかいないかで、はっきりとした差が生まれます。

たとえば320という数は、「100が3つ、10が2つ、1が0個である」ということがしっかりわかっていないといけません。それぞれの数が足し合わさって、32

0という数が存在しているという「数そのもの」の理解が必須です。たとえば、

320＋35＝？

という問題で、355ではなく670などと答えてしまうとしたら、その子は根本となる数の概念が理解できていないということです。147ページの例題は、親御さんにとっては簡単に思えるかもしれませんが、ここをしっかりおさえておくことが、その後の勉強の基礎となるのです。

しかし残念なことに、位の学習は、学校でもさーっと学習して終わりです。十の位ぐらいなら、なんとなくできてしまう子どもも多いですし、「今は理解が浅くても、そのうちわかるようになるだろう」と先生自身が考えていることも多いからでしょう。

また、概念を扱っているため、いくら言葉で説明しても、子どもにはなかなか理解できない、というのも事実です（大人でも、言葉で説明されたら理解できないと思います）。

ですから、**位の概念が理解できるまで、低学年のうちに練習問題を解いておくこと。**そうやって位の概念をしっかり身につけておけば、算数嫌いはずっと減るのではないかと思います。

76+48=?
1, 2, 3, ...
100
10
1

四捨五入でとどめを刺される

位がわからなければ、そもそも数の比較ができません。

なぜなら、**数の比較をするには、位を揃えて考えることが必要**だからです。位がわからないために、次のような問題が解けない子は、たくさんいます。

【問題】次の2つの数のうち、大きいほうを選びましょう。

768.9　　770

【答え：770】

親御さんからすれば、770のほうが大きいのは一目瞭然です。しかし、位がわかっていないと、768・9のほうが大きいと思ってしまうのです。

そしてとどめを刺されるのが、4年生で習う**「四捨五入」**です。

【問題】次の数を、十の位で四捨五入しましょう。

① 2348

② 8692

【答え：①2300　②8700】

「十の位で四捨五入しましょう」

「上から一桁の概数（およその数）にしましょう」

と言われても、「？・？」となってしまいます。位がわからなければ、それも当然でしょう。

この四捨五入ができないと、6年生で習う「平均」もわからなくなります。平均というのは、位を揃えて比べるものだからです。

割り算、小数……、位がわからない影響は、広範囲に

学習が進むごとに、位がわからないことの影響力は、さらに増していきます。

たとえば**4年生で習う2桁の割り算の筆算は、位を意識しないと答えの桁がずれてしまいます。**

【問題】次の筆算のうち、正しいのはア・イのどちらですか？（4年生）

ア

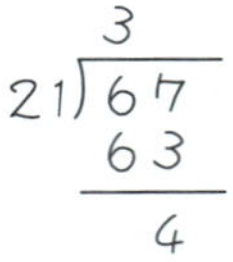

イ

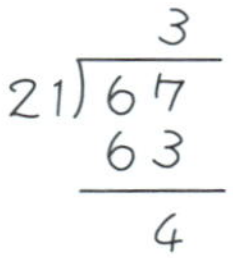

【答え：イ】

この問題で、アと答えてしまうような間違いをする子はとても多いのです。

また、**3年生で習う小数では、いつも位を意識していないと、足し算であろうが引き算であろうが、解くことができません。**筆算をするときに、小数点の位置がずれたら、アウトです。

しかし、低学年の筆算の段階で、位の概念を理解させることなく「筆算は右端に揃える」などと教えてしまう先生がいるのです。そうなると、小数点が出てきたときにも、小数点を無視して、右端で揃えるようになります。

これでは小数の筆算は正しくできません。「小数点を基準に位を合わせて」と指導しても、そもそも位を理解していないため、どうしたらいいかもわからなくなってしまいます。

たとえば多くの子どもがとまどうのが、3年生で登場する「6＋1・7」のような整数と小数の筆算をつくるときです。6を6・0と考え、頭の中で小数点を補って、位を揃えることが必要です。

　 6.◯
＋1.7
―――

しかし、これまでずっと、「右側を揃えるものだ」と筆算を捉えてきた子どもにとっては、それは急な**「ルール変更」**でしかありません。違和感を抱いてしまっても、仕方がないと思いませんか。そうして、次の問題もぱっと見ただけでアが正しいと判断してしまうのです。

【問題】次の筆算のうち、正しいのはア・イのどちらですか？（3年生）

ア

```
     36
+   2.5
-------
```

イ

```
   36
+  2.5
-------
```

【答え：イ】

学校の先生が、

「筆算は右側を揃えましょう」

と低学年に指導をするのは、とにかく筆算をできるようにするためなのかもしれません。しかし、数字が大きくなり、桁数も増え、複合的な要素の問題が増えてきたところで、改めて「位で揃えて書く」と言われても、子どもには理解できません。

さらには、多くの先生や親も、「この子はなぜこの問題ができないのか」がわからないため、「2年生に戻って、位の復習をしよう」という考えにも至らないのです。

もし、小数でつまずいたり、割り算の筆算ができないなどのことがあるならば、多くの場合で「位」が理解できていません。そのとき復習すべきは、2年生で習う「位」の単元です（教科書によっては「大きな数」などと表記されている単元です）。思い切ってそこまで戻って、改めて位の概念を身につけさせてあげましょう。

位の苦手を克服する3つの秘訣

1　お金を使う

もし、「位の概念」がよくわかっていないようなら、お金を使った学習がお勧めです。

お金は子どもにとっても身近ですし、**手に取ることができる**ため理解しやすくなります。「概念」という抽象的なものが「実物」に置き換わることで、理解度はぐんと高まります。

そこで、子どもがつまずいていたら、

3	2
十《じゅう》のくらい	一《いち》のくらい

「お金で考えてみよう」

と一言、言ってあげてください。それだけで、

「位というのは、お金と同じなんだ」

とわかる子もいますし、それでピンとこなくても、

「1円は一の位、10円は十の位、100円は百の位……」

と説明していくと、たいていの子は位の概念を理解することができます。

お金を使って、上のような図にして説明してもいいですね。

この図では、32を表すのに、10円玉を3つ、1円玉を2つ並べています。

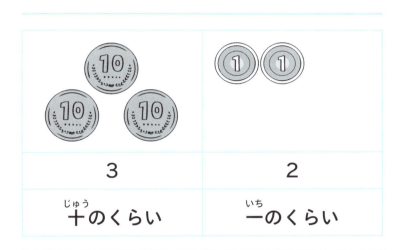

お子さんの理解が進んできたら、親御さんが数字を紙に書いて、お子さんにその数字分のお金を並べさせると、クイズ形式で楽しみながら位の概念を理解することができます。

32の次は320、3200などと、数字を変えずに位だけを変えていけば、さらに理解が深まります。

2　ビーズなどを使う

ちょっと手はかかりますが、ビーズなどが好きなお子さんであれば、「触《さわ》れる位」をつくってみてもいいですね。

たとえば、モンテッソーリ教育（「子どもには、自分を育てる力が備わっている」という前提で、子どもを科学的に観察し、体系立てられた教育法。教材・教具も、独自のものが多い）で数を教えるときには、ビーズセットを用います。

一の位はビーズ1個、十の位はビーズを10個つなげたもの。それを10本集めると百の位を表すビーズの板になります。そしてそれを10枚重ねると千の位に。１０００というのは、1を１０００個集めたものだということが、視覚的に理解できます。

このように、「位の概念」は、工夫次第で具体物に落とし込んでいくことができます。**手で触れることができれば、すっと理解できる子も多い**のです。

3　2年生の位の学習まで、思いきって戻る

お子さんが5年生や6年生になると、２年生の学習に戻るのは勇気がいるかもしれません。しかし、

「位があやしいのでは？」

と思うのであれば、親御さんが思いきってあげること。遠回りに見えて、それが実は一番の近道なのです。

前の学年に戻りたくないのは、子どもだって同じです。

「今さら2年生の単元なんて」

と言わず、

「ちょっとやってみようか」

と気軽に戻らせてあげてください。


大切なのは、「子どもが本当は、どこでつまずいているのか」を、周囲の大人が正しく理解することです。

そして、「なぜ間違えるのか」を見つけたら、その導入となる単元をもう一度、勉強させてあげましょう。

8 位
（小学校１年生）

れんしゅうもんだい

一《いち》のくらい、十《じゅう》のくらい に ついて

こたえましょう。

1

	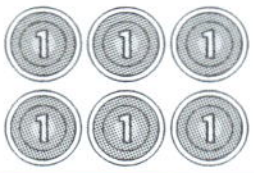
十《じゅう》のくらい	一《いち》のくらい

46 の 十《じゅう》のくらいは □、

一《いち》のくらいは □ です。

2 50 の 十《じゅう》のくらいは □ です。

3 41 の 十《じゅう》のくらいは □、

一《いち》のくらいは □ です。

4 38 の 一《いち》のくらいは □ です。

答えと解説は169ページ

9 位
（小学校1年生）

□に入《はい》る かずを こたえましょう。

1 10が 6こと、1が 6こ で□。

2 57は、10が□こと、1が□こ です。

3 10が 7こで □。

答えと解説は170ページ

れんしゅうもんだい

10　位
（小学校1年生）

あ～おにあてはまる　かずを　こたえましょう。

1

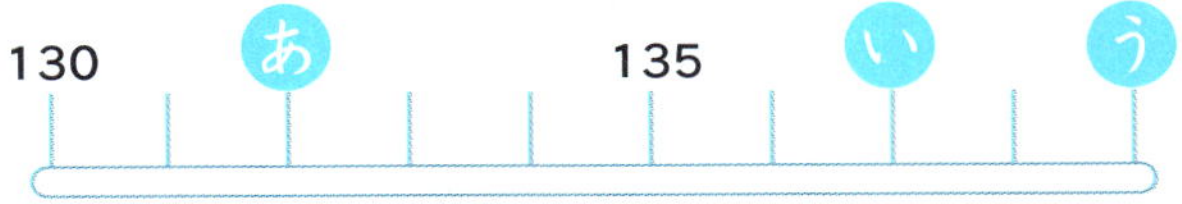

あ □　い □　う □

2

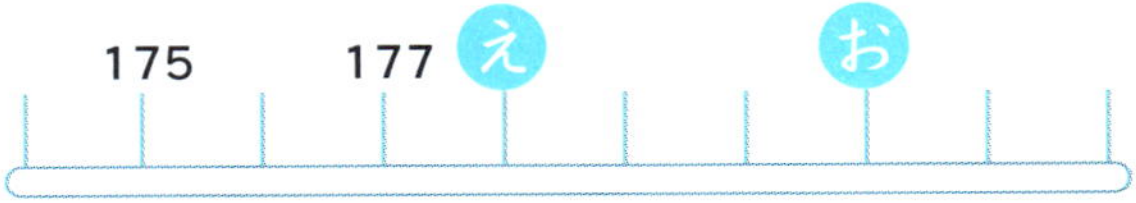

え □　お □

答えと解説は171ページ

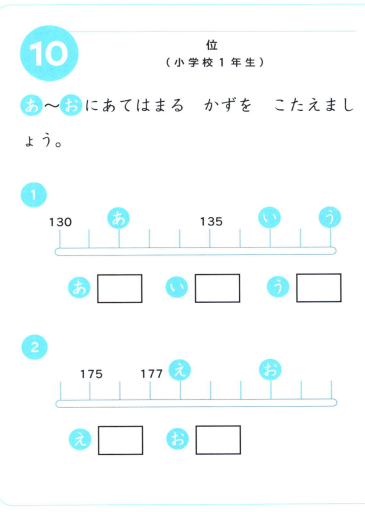

11 位

（小学校２年生）

1 280 は　10 を何《なん》こ　あつめた　数《かず》で すか。

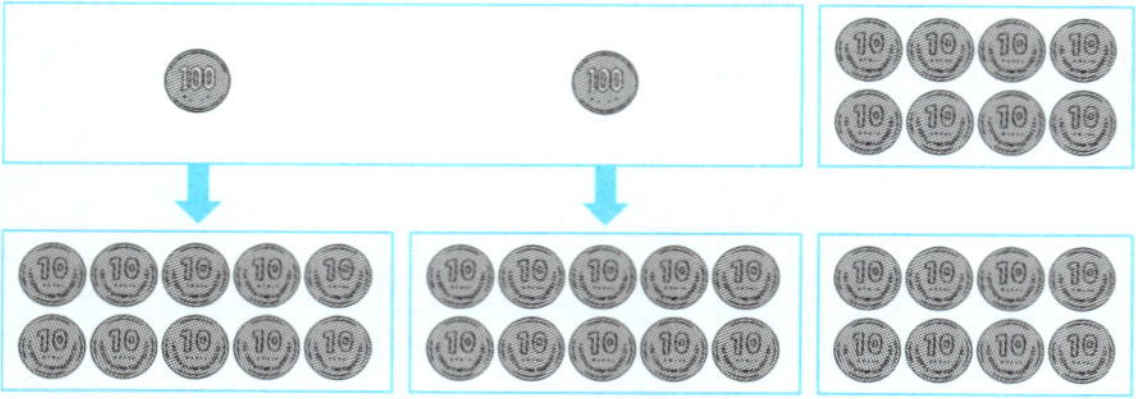

280 { 200 → 10 が □ こ ／ 80 → 10 が □ こ } 10 が □ こ

2 440 は　10 を　何《なん》こ　あつめた　数《かず》 ですか。　答《こた》え □ こ

答えと解説は172ページ

12 位
（小学校２年生）

つぎの　矢《や》じるしが　さす　数《かず》は　いくつですか。

1

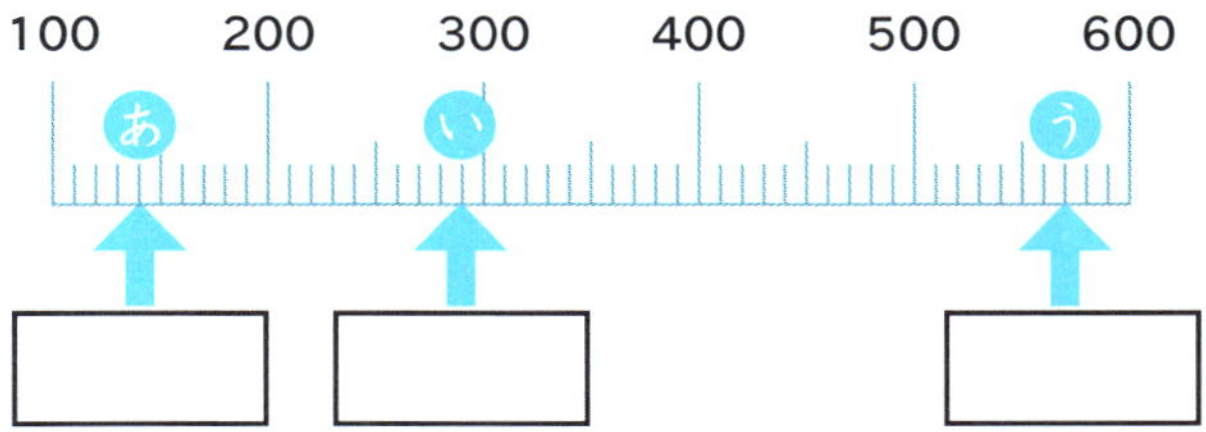

一番《いちばん》 小《ちい》さい 目《め》もりは 10を あらわしています。

2

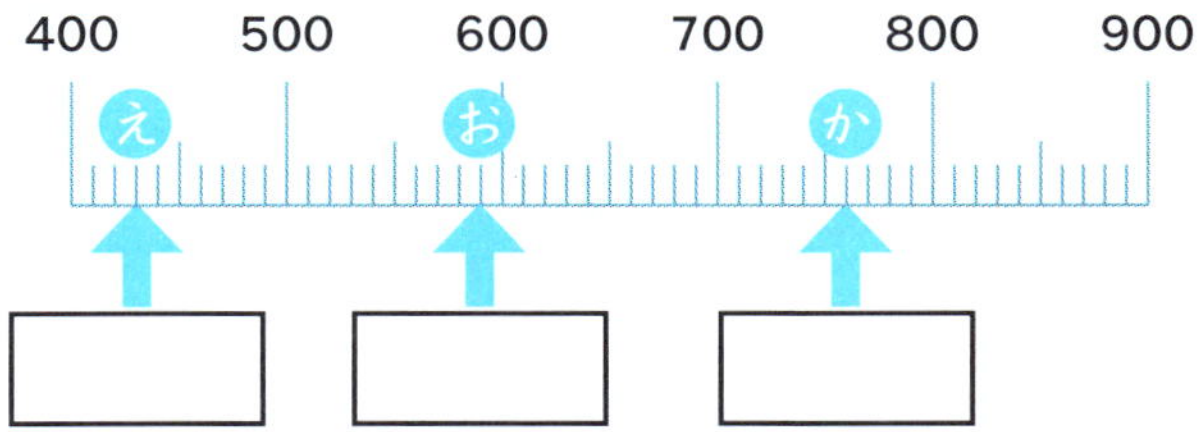

いちばん 小《ちい》さい 目《め》もりは 10を あらわしています。

答えと解説は173ページ

13 位
（小学校２年生）

1 100 を 7こ、10 を 1こ、1 を 0 こ あつめた 数《かず》は □ です。

2 100 を 4こ、10 を 0こ、1 を 5こ あつめた 数《かず》は □ です。

3 1000 より 1 小《ちい》さい 数《かず》は □ です。

4 730 は

- □ と 30 を あつめた 数《かず》です。
- □ より 70 少《すく》ない 数《かず》です。
- 10 を □ こ あつめた 数《かず》です。

れんしゅうもんだい

答えと解説は174ページ

答えと解説

163ページ

8 位（小学校1年生）

れんしゅうもんだい

一《いち》のくらい、十《じゅう》のくらい に ついて こたえましょう。

1

十《じゅう》のくらい	一《いち》のくらい

46の 十《じゅう》のくらいは 4、
一《いち》のくらいは 6 です。

2 50の 十《じゅう》のくらいは 5 です。

3 41の 十《じゅう》のくらいは 4、
一《いち》のくらいは 1 です。

4 38の 一《いち》のくらいは 8 です。

コメント

「十の位は40」と答えてしまったり、十の位と一の位を逆に答えてしまったりということが起こりえます。白い紙に位の表を書き、10円玉や1円玉をマスの中に置いて考えましょう。

解説

位の概念はお金に置き換えて考えるとわかりやすいです。

「46円」を十円玉と一円玉の組み合わせに分けて考えてみましょう。

→十円玉が4枚：十の位は「4」
　一円玉が6枚：一の位は「6」

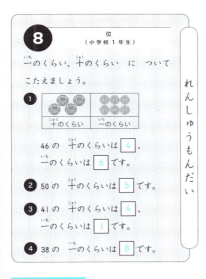

164ページ

答えと解説

9 位
（小学校１年生）

れんしゅうもんだい

□ に 入《はい》る かずを こたえましょう。

❶ 10が　6こと、1が　6こ　て［66］。

❷ 57は、10が［5］こと、1が［7］こ です。

❸ 10が　7こて［70］。

コメント

位の表やお金、ビーズ、アメが入った袋など、「位」を説明する方法は様々です。根気よく、楽しくアイテムを使いながら問題にチャレンジしてみることが重要です。

解説

解き方１ 前の問題と同じ！　お金で考えると、

1 

→66円

2 

→10が５個と、１が７個

3 

→70円

解き方２ 表で考えよう！

1 10が６個だから十の位が６、１が６個だから一の位が６

十の位	一の位
6	6

→66

2 57を表に当てはめる

十の位	一の位
5	7

→十の位が５だから10が5個、一の位が7だから1が７個

3 10が７個だから十の位が７、1はないので1の位が0

十の位	一の位
7	0

→70

10 位
（小学校1年生）

あ～おにあてはまる　かずを　こたえましょう。

1

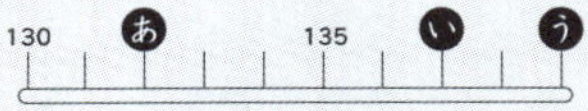

あ 132　い 137　う 139

2

え 178　お 181

165ページ

コメント

気をつけたいのが、「1目盛りの大きさ」と「くり上がり」です。1ずつ数え上げていけば解けますが、扱う数が大きくなると、そうはいかなくなってしまいます。

解説

まず、「1目盛りがいくつなのか」を考えることが重要です。

1 上の数直線：

130から135まで、5目盛り進むと数が5増える➡1目盛りは「1」
あは130より2大きいから132、いは135より2大きいから137、うは135より4大きいから139

2 下の数直線：

175から177まで、2目盛り進むと数が2増える➡1目盛りは「1」
えは177より1大きいから178、おは177より4大きいから181

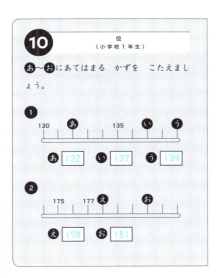

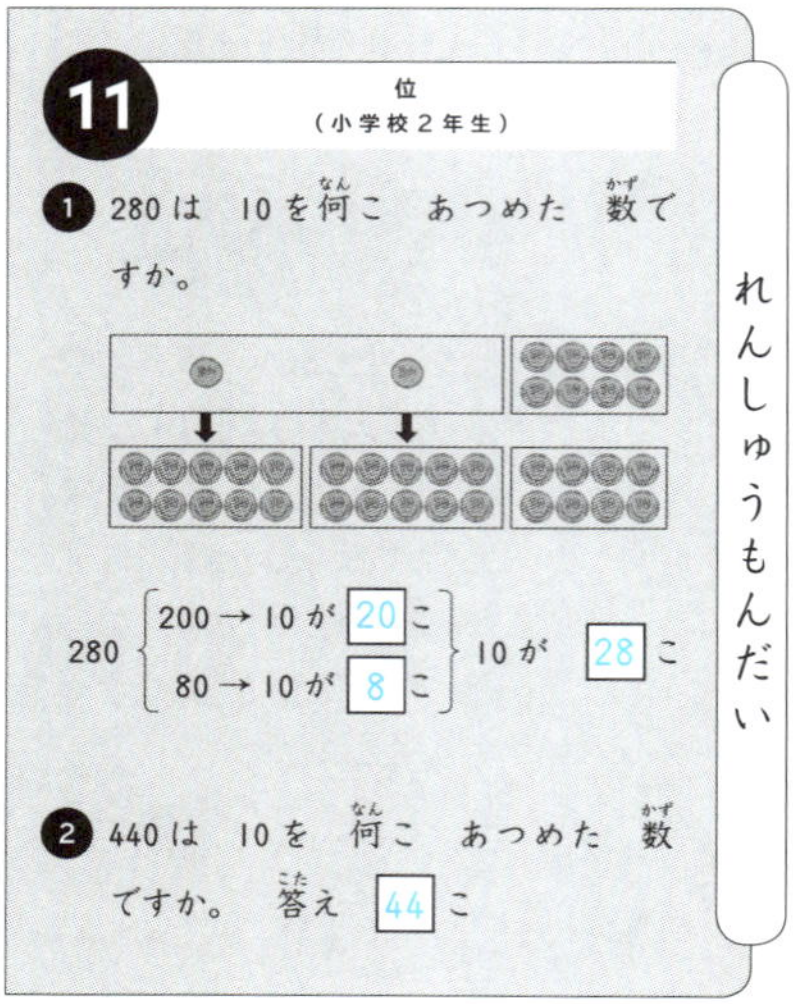

11 位
（小学校２年生）

1 280は　10を何《なん》こ　あつめた　数《かず》ですか。

280 { 200 → 10が 20 こ / 80 → 10が 8 こ } 10が 28 こ

2 440は　10を　何《なん》こ　あつめた　数《かず》ですか。　答《こた》え 44 こ

れんしゅうもんだい

166ページ

コメント

10を5個集めて50をつくることができても、10を10個集めて100をつくることは難しいようです。実際に両替機を使って100円玉を10円玉10枚に崩してみるとわかりやすいですね。

解説

1 100を超える大きな数も、お金に置き換えて考えてみると…

→100が２個と、10が８個

→100は10が10個だから、200は10が20個
280は10が、20個＋８個＝28個

2 440は、

→100が４個と、10が４個

⬇

100は10が10個→400は10が40個
440は10が、40個＋４個＝44個

12 位
（小学校２年生）

つぎの 矢《や》じるしが さす 数《かず》は いくつ ですか。

❶
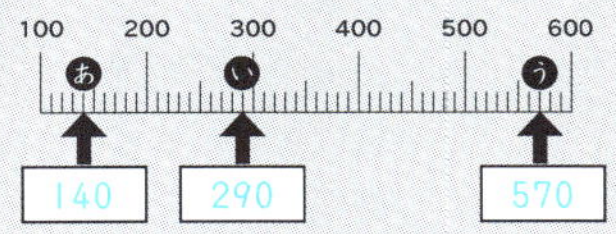

一番《いちばん》 小《ちい》さい 目《め》もりは 10を あらわしています。

❷
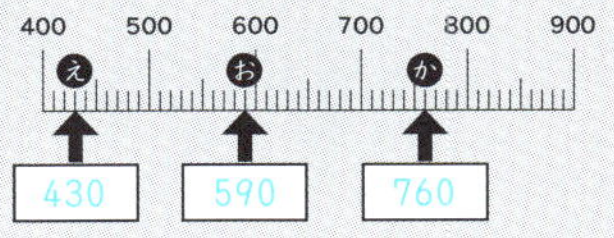

いちばん 小《ちい》さい 目《め》もりは 10を あらわしています。

167ページ

コメント

「目盛りの数」と「実際に増える数」が異なっていることで、難易度が大きく上がっています。「数のかたまり」を理解できているかどうかが正解への分かれ道です。

解説

どちらも右に１目盛り進むごとに10増え、左に１目盛り戻るごとに10減ります。

❶ 上の数直線：

あは100から４目盛り進むから、100＋40＝140
い は200から９目盛り進む、もしくは300から１目盛り戻るから、200＋90＝290 もしくは 300−10＝290
う は500から７目盛り進む、もしくは600から３目盛り戻るから、500＋70＝570 もしくは 600−30＝570

❷ 下の数直線：

えは400から３目盛り進むから、400＋30＝430
お は500から９目盛り進む、もしくは600から１目盛り戻るから、500＋90＝590 もしくは 600−10＝590
か は700から６目盛り進む、もしくは800から４目盛り戻るから、700＋60＝760 もしくは 800−40＝760

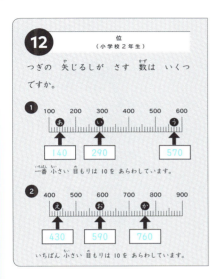

13 位
（小学校２年生）

れんしゅうもんだい

❶ 100 を 7こ、10 を 1こ、1 を 0 こ あつめた 数《かず》は [710] です。

❷ 100 を 4こ、10 を 0こ、1 を 5こ あつめた 数《かず》は [405] です。

❸ 1000 より 1 小《ちい》さい 数《かず》は [999] です。

❹ 730 は
- [700] と 30 を あつめた 数《かず》です。
- [800] より 70 少《すく》ない 数《かず》です。
- 10 を [73] こ あつめた 数《かず》です。

168ページ

コメント

❸や❹のように、様々な角度から数をとらえる問題に挑戦しておくことで、問題文に書いてある通りにただ数字を当てはめていく機械的な学習に陥りにくくなります。

解説

❸ パターンで考える！

10より１小さい →9
100より１小さい →99
１桁減って、全部９になる

1000より1小さい
→3桁で全部9
→999

❹ お金で考える！

730は □ と30をあつめた数
→700円と30円を集めた数　答え：700

□ より70少ない数
→70円足すと800円になる　答え：800

10を □ 個あつめた数
→100円＝10円10個　→100円７個＝10円70個
→70個＋残りの３個＝73個　答え：73

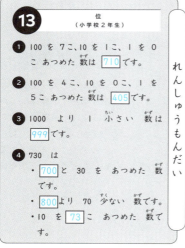

ひとつずつ
クリアして
いこう！

ワースト2

図形の組み立て・立体の基礎（小学校2年生）

高学年の立体の基礎になるため、スルーすると致命的！

危険度 

ポイント

- 平面まではイメージしやすい子も、立体になると急に現実味が薄れる。
- 低学年で出てくる立方体や直方体がわからないと、三角錐や円柱などの図形で完全に取り残されてしまう。
- 丸暗記では解けないので、ここが苦手になると高学年で完全に心が折れる。

4 図形（小学校２年生）

下《した》の図《ず》は、あるはこを　ひらいた　形《かたち》です。

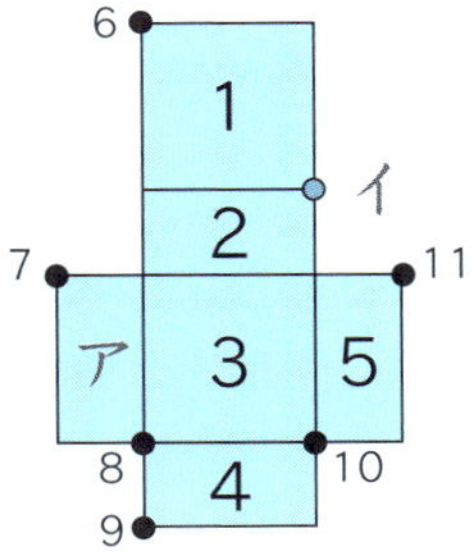

1 くみたてたとき、アの面《めん》と　むかいあう面《めん》は　どれですか。

答《こた》え

2 くみたてたとき、イのちょう点《てん》と　かさなる　ちょう点《てん》は　どれですか。

答《こた》え

れんしゅうもんだい

答えと解説は41ページ

一番の問題は、「とびとびの授業」

図形に関して一番問題だと私が考えているのは、**「とびとびの授業」**です。

初めて立体を習うのは２年生。「箱の形」という単元で、立体の基礎を学びます。

しかしその後、授業に立体が顔を出すのは、なんと４年生！　「立方体と直方体」の単元を習うときには、最初に立体を習った頃からおおよそ２年の月日が流れているわけです。


ここでしっかりと２年生の復習をしてくれればいいのですが、なかなかそうはいきません。

たいていの場合、立体の基礎的な知識は「すでに学習済み」として、スルーされます。一方、**多くの子が２年前の授業の内容など、すっかり忘れている**のです。

となれば、わけがわからなくなってしまうのも仕方ありません。

大人だって、２年前にどんな仕事をしていたかを聞かれて、事細かに答えられる人なんていません。子どもだって同じです。

しかも大人の2年と違って、10歳の子どもの2年は、人生の5分の1（50歳の人の10年分に当たります！）。生まれて最初の数年の記憶はありませんから、2年という「悠久の時間」を経てから、いきなり「立体の基礎知識ありき」の授業についていけというのは、なかなかにハードな要求なのではないでしょうか。

このように、現在の教育課程には、「単元のつながりがない」という大きな問題があります。学習の流れが「細切《こまぎ》れ」状態で、次の学習がどの単元と密接につながっているかが理解できないのです。

180ページに掲載した教育課程の図形学習のフローチャートを見ていただければ、**単元がとびとびで、図形を継続して学ぶことができない**とわかりますね。

次ページの下の図はRISUの学習のイメージ図です。

学年ごとの区切りではなく、単元ごとのつながりを重視して学習を組み立てています。

このような構造ならば、子どもは一段ずつ階段を上っていく要領で、自分の学年よ

4年生

億・兆
わり算
小数・分数
およその数
角度
四角形
対称・相似・合同
立方体と直方体

5年生

小数のかけ算・わり算
倍数・約数
素数と素因数分解
約分・通分
分数の足し算・引き算・かけ算・わり算
体積
平均
百分率

6年生

分数のかけ算・わり算
四則混合
速さ
xyの計算
比例・反比例
グラフ
円周・円の面積
角柱・円柱・錐体の体積
線対称・点対称
拡大と縮小

億・兆　およその数
倍数・約数　平均
素数と素因数分解

小数のかけ算・わり算
約分・通分
分数のたし算・ひき算・かけ算・わり算
四則混合
xyの計算

角度・四角形
対称・相似・合同
立方体と直方体
体積
比例と反比例　拡大と縮小
円周・円の面積
角柱・円柱・錐体の体積
線対称・点対称

速さ

百分率

学校

単元が学年で切り分けられ、前の学習とつながらない

1年生	2年生	3年生
かず	大きなかず	足し算
たしざん	かけ算	引き算
ひきざん	足し算	かけ算
	引き算	わり算
	とけい	時計
	かたち・図形	円・三角形
	たんい	小数・分数
		単位
		グラフ

RISU

学年で区切らず、単元ごとのつながりをとらえる

かず　大きなかず

たしざん　かけ算　わり算
ひきざん　小数・分数

かたち・図形　円・三角形　グラフ

たんい

とけい

りも上の内容を、スラスラ解くことができるようになります。**1年生であっても、3年生の図形までスッとクリアしてしまう子もざらにいます。**

やはり、算数の学習に大切なのは、単元の連続性です。図形に苦手意識があるお子さんは、ぜひ全学年から図形部分だけを拾って、ひとつながりになるように学習を進めてください。

しっかりと復習をする

新しい単元に入る前には、その単元の基礎となる前の単元の復習が必要です。

また、そもそも低学年では、教育課程そのものに図形問題が少ないため、理解が足りないままなんとなく高学年に上がってしまうことが多いもの。「図形が苦手」という子が量産されてしまうのは、そのような背景もあります。

立体をなかなか理解できない子は、平面図形の理解がいまひとつ、という事例が多くあります。もし立体図形でつまずいてしまったら、そのベースとなる四角形・三角形の平面図形まで戻って復習するといいでしょう。ベースの理解が曖昧なままに、いくら立体の問題を解いても、意味がありません。

立体を平面図で教えるのをやめる

図形においても、なるべく**「具体化する」**ということは大切です。

たとえば、教科書やテストの問題では立体を2次元の平面図形で表しています。たとえば184ページの図には立方体が描かれていますが、これらは、3次元の図形を、2次元に落とし込んで描いています。これが実は、子どもの理解を妨げているのです。

私たち大人は、この「2次元の図形を3次元で見る」というルールに慣れています。しかし、子どもは違います。**2次元の図形は2次元にしか見えず、どうやっても「3次元に見えない」という子は、実はけっこういます。**そうなると、立体の授業を理解することが困難になってしまうでしょう。まずは私たち大人が「これらの図形が立体に見えない子がいる」ということを認識しておくことが大切です。
平面図を立体として捉えることができない子は、次のような問題も難しく感じます。

【問題】図のような立方体に、頂点は何個ありますか？

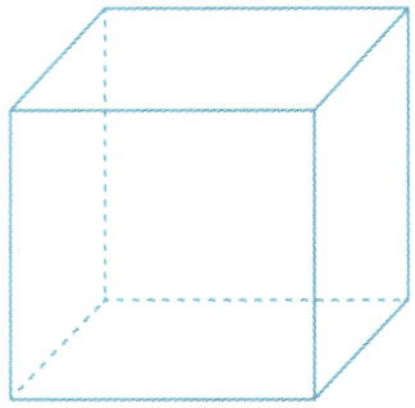

【答え：8個】

このように、立体を透けるように描いた図であっても、これが立体に見えないのであれば、８つの頂点をカウントするのは不可能です。

図形の苦手を克服する3つの秘訣

1　1回は図形を実物で触ろう

前述のように、紙に描かれた立体図形を、立体として見ることができない子は、どうしたらいいのでしょうか。

これは実物を触るのが、一番の近道です。ティッシュの箱でもおかしの箱でもなんでもいいので、実際の箱を使って考えます。

先ほどの頂点の数を求める問題であれば、箱の8つの角にペンで印をつけてもいいですね。手を使いながら、「1、2……8」と数えることで、経験として身につきます。

また、**映像**も理解の助けになるでしょう。ＲＩＳＵでは、立体の理解の助けとなるように映像授業も取り入れています。次のＵＲＬから見ることができますので、参考にしていただければと思います。

★参考映像★

http://movie.risu-japan.com/s25ri.html（「立方体」と「直方体」）

http://movie.risu-japan.com/s25ch.html（直方体の「面」をまなぼう！）

2　いらない箱は、展開する

展開図も、子どもが頭を悩ませる単元の１つです。

これもやはり、手を使うのが一番。箱を使って、切って展開図をつくりましょう。

これを何回かくり返すうちに、立体は平面を組み合わせてつくられるということや、直方体はどのような展開図になるかを理解することができます。

また、ちょっと手間にはなりますが、硬めの方眼紙を使って**立方体の展開図を一緒につくってみる**と、お子さんはより深く、立体とは何か、展開図とは何かを理解できるようになります。

見本として、１８８ページに11種類の展開図を載せました。同じ色の面が対応する面となります。ぜひ、つくってみてください。

３　図形は続けて学習する

図形は前に学習した内容との関連が密接なため、**続けて学習する**ことが大切です。学習間隔が狭ければ、前の知識を思い出すために時間を費やす必要はなくなります。

１８０ページのチャートを利用して、続けて学習をするようにしましょう。この際、お子さんが理解しているのであれば、学年を超えて進んでも問題ありません。

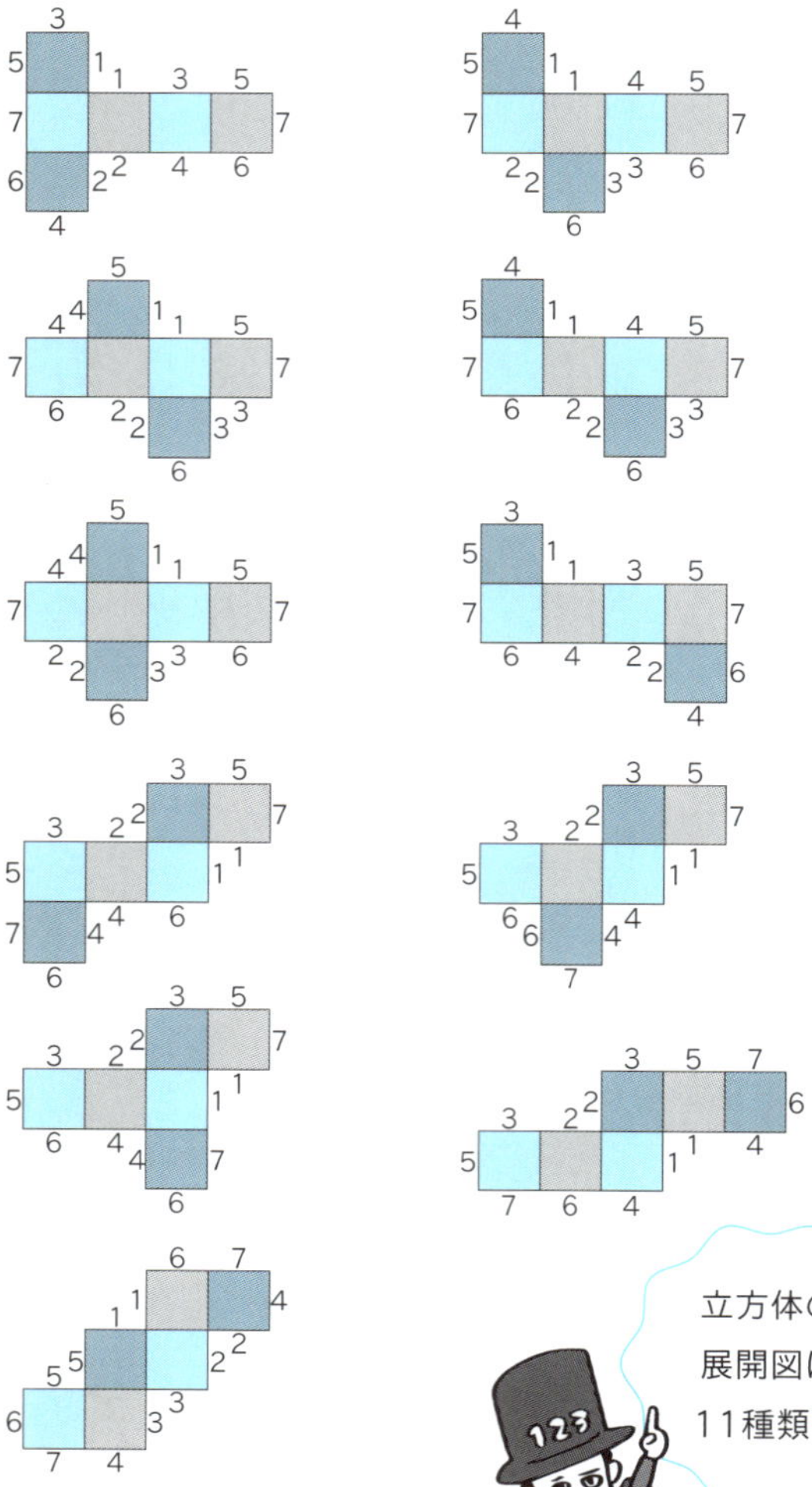

立方体の
展開図は
11種類！

れんしゅうもんだい

14 図形（小学校2年生）

下《した》のはこの形《かたち》について、答《こた》えましょう。

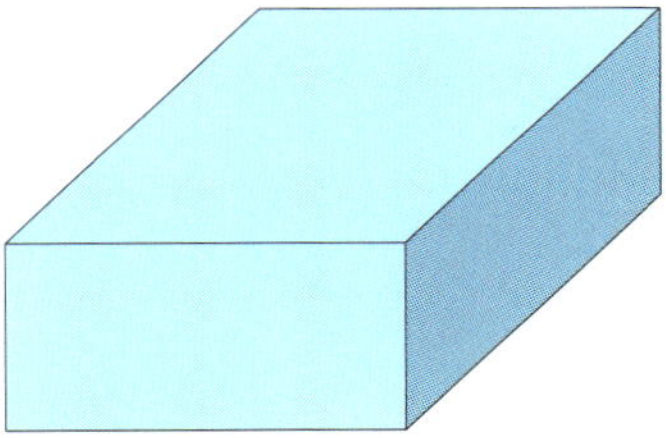

1 この図形《ずけい》の名前《なまえ》はなんですか。

□ 直方体《ちょくほうたい》　□ 立方体《りっぽうたい》

2 同《おな》じ形《かたち》の面《めん》はいくつずつありますか。

答《こた》え □ つ

答えと解説は194ページ

15

図形
（小学校２年生）

下《した》のはこの形《かたち》について、答《こた》えましょう。

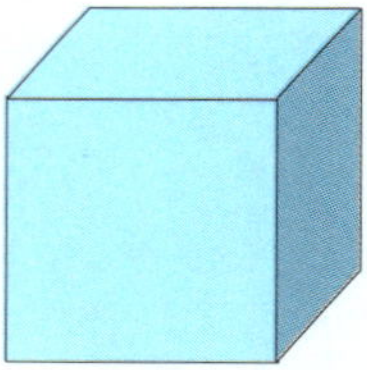

1 この図形《ずけい》の名前《なまえ》はなんですか。

□ 直方体《ちょくほうたい》　□ 立方体《りっぽうたい》

2 同《おな》じ形《かたち》の面《めん》はいくつありますか。

答《こた》え □ つ

3 面《めん》はなんという四角形《しかくけい》ですか。

□ 正方形《せいほうけい》　□ 長方形《ちょうほうけい》

れんしゅうもんだい

答えと解説は195ページ

16 図形
（小学校２年生）

はこがひとつあります。

1 このはこを ひらいたときに できる形《かたち》は どれですか。すべて えらびましょう。

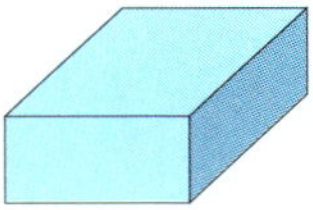

□ あ

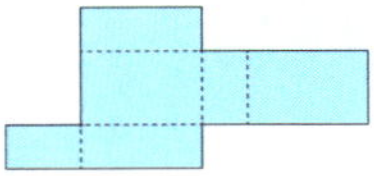

□ い

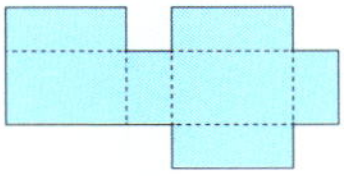

□ う

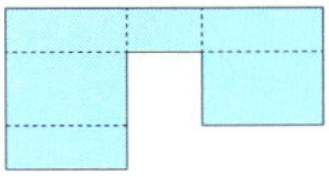

2 このはこに 使《つか》われている四角形《しかくけい》は どれでしょうか。

□ 正方形《せいほうけい》　□ 長方形《ちょうほうけい》

答えと解説は196ページ

17

図形
（小学校２年生）

下《した》のはこの形《かたち》について、答《こた》えましょう。

1 はこを　ひらいたときに　できる形《かたち》は どれですか。

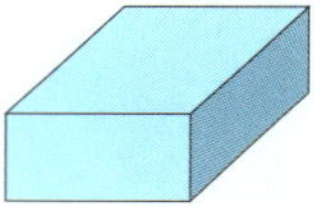

□ あ

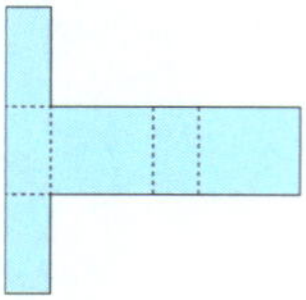

□ い

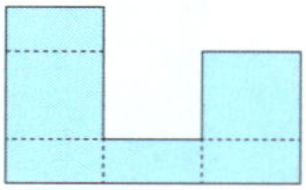

□ う

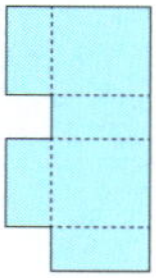

2 ちょう点《てん》は　いくつ　ありますか。

答《こた》え　□つ

答えと解説は197ページ

18

図形
（小学校2年生）

下《した》の図《ず》は、あるはこを ひらいた形《かたち》です。

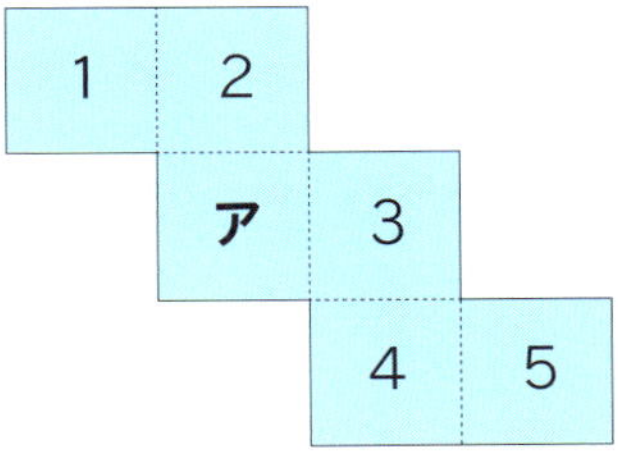

1 くみたてたとき、できるのは どれですか。

□ 直方体《ちょくほうたい》　□ 立方体《りっぽうたい》

2 くみたてたとき、アの面《めん》とむかいあう面《めん》は どれですか。

答《こた》え □

答えと解説は198ページ

14 図形
（小学校２年生）

下《した》のはこの形《かたち》について、答《こた》えましょう。

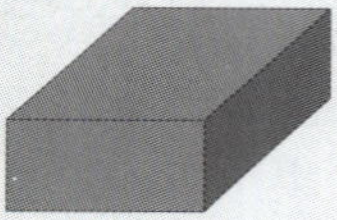

❶ この図形《ずけい》の名前《なまえ》はなんですか。

[○] 直方体《ちょくほうたい》　[ ] 立方体《りっぽうたい》

❷ 同《おな》じ形《かたち》の面《めん》はいくつずつありますか。

答《こた》え [2] つ

れんしゅうもんだい

189ページ

コメント

立方体と直方体がそれぞれどんな図形なのかは、完璧に暗記しておきたいところです。実際にサイコロとティッシュ箱を触って確かめてみることも有効です。

解説

1 立方体＝サイコロの形
　　すべての面が正方形
直方体＝面が
　　・すべて長方形
　　または
　　・長方形と正方形の組み合わせ
図は面が長方形なので直方体

2 直方体は向かい合う面の形が同じ
→同じ形の面が2つずつある

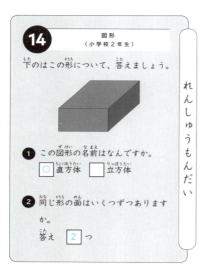

15 図形（小学校２年生）

れんしゅうもんだい

下《した》のはこの形《かたち》について、答《こた》えましょう。

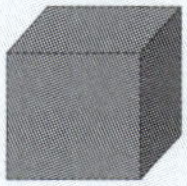

❶ この図形《ずけい》の名前《なまえ》はなんですか。

□ 直方体《ちょくほうたい》　○ 立方体《りっぽうたい》

❷ 同《おな》じ形《かたち》の面《めん》はいくつありますか。

答《こた》え　6　つ

❸ 面《めん》はなんという四角形《しかくけい》ですか。

○ 正方形《せいほうけい》　□ 長方形《ちょうほうけい》

190ページ

コメント

図形の性質を覚えたつもりでも、このように問題の形で聞かれると案外答えられないものです。問題に立体の図がある場合は、よく図を観察しながら改めて特徴を考えてみましょう。

解説

1 3 立方体＝サイコロの形
すべての面が正方形
直方体＝面が
・すべて長方形
または
・長方形と正方形の組み合わせ
図は面が正方形なので立方体

2 立方体はすべての面の形が同じ
→同じ形の面は６つ

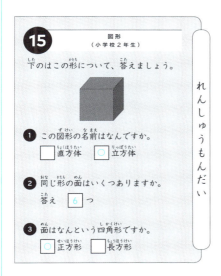

16 図形
（小学校2年生）

はこがひとつあります。

❶ このはこを ひらいたときに できる形《かたち》は どれですか。すべて えらびましょう。

☑(○) あ　□ い　□ う

❷ このはこに 使《つか》われている四角形《しかくけい》は どれでしょうか。

□ 正方形《せいほうけい》　☑(○) 長方形《ちょうほうけい》

191ページ

コメント

実際に組み立ててみるとわかりやすいですが、毎回紙とハサミを用意するわけにもいきません。この問題は図形の性質をうまく利用することでシンプルに考えることができる問題の1つです。

解説

1 はこ（直方体）は向かい合う面の形が同じ
→同じ形の面が2つずつある展開図を選ぶ
→あが正解

2 直方体の面は長方形

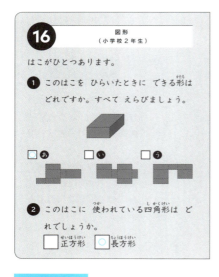

17 図形
（小学校２年生）

れんしゅうもんだい

下《した》のはこの形《かたち》について、答《こた》えましょう。

❶ はこを ひらいたときに できる形《かたち》は どれですか。

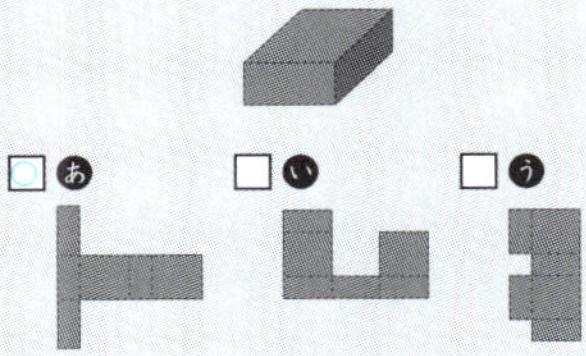

❷ ちょう点《てん》は いくつ ありますか。

答《こた》え 8 つ

192ページ

コメント

この場合は「重なり合ってしまう面がないかどうか」を確かめる必要があります。どこかの面を底面にして、そこを動かさないように頭の中で組み立ててみましょう。

解説

1 はこ（直方体）は向かい合う面の形が同じ
→同じ形の面が向かい合う展開図を選ぶ
→あが正解

い

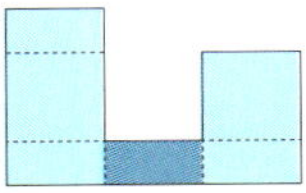

濃い色部分に向かい合う面がない

う

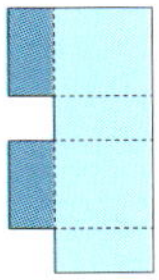

組み立てたときに濃い色部分が重なってしまう

2 はこ＝直方体
直方体の頂点は８つ

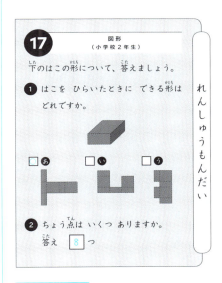

18 図形
（小学校２年生）

下《した》の図《ず》は、あるはこを ひらいた形《かたち》です。

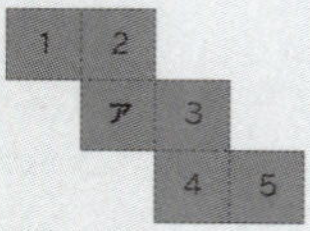

❶ くみたてたとき、できるのは どれですか。

□ 直方体《ちょくほうたい》　○ 立方体《りっぽうたい》

❷ くみたてたとき、アの面《めん》とむかいあう面《めん》は どれですか。

答《こた》え　5

193ページ

コメント

「この面とこの面はくっつくかな」など、展開図上で2つの要素の関係性を見て考えます。この問題では面アともう１つの面の関係性を探っていくと、答えにたどり着けますね。

解説

1 すべての面が正方形＝立方体

2 アに隣り合わない面が向かい合う面

２と３は展開図の時点で隣り合っている
１と４は組み立てると隣り合うことが想像できる

実物を
さわってみよう！
うーん

ワースト3

単位、目盛りの読み方（小学校2年生）

定規の目盛りは読めなくて当たり前！

危険度 💀💀

ポイント

- 数はわかっていても、目盛りや単位には別のハードルがある。
- 1つの目盛りが1ではなく、10や100になると子どもは混乱する。
- 「1マスの数値×マスの数」で数える必要があり、これには式を立てるのと同じ能力がいる。
- 問題図を見て、概念で考えないといけないので、実は難しい。

れんしゅうもんだい

3 単位（長さの単位）（小学校２年生）

1 ひだりはしから　やじるしのところ　までの　ながさを　こたえましょう。

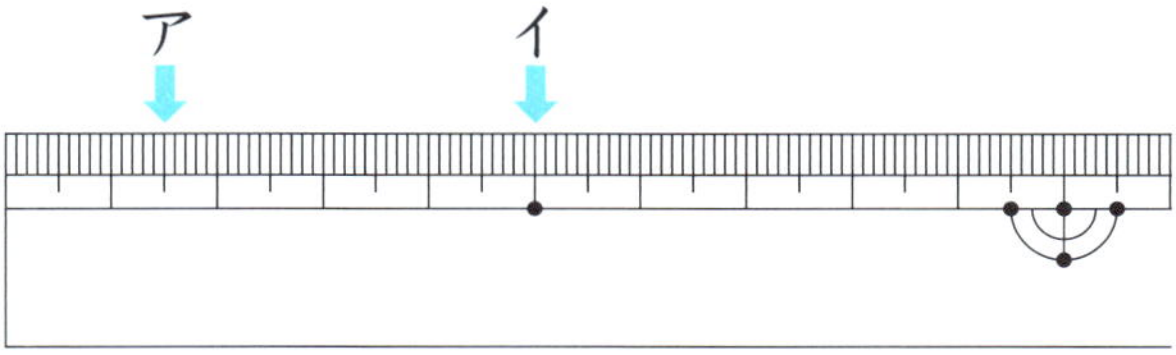

ア：□cm 5 mm　　イ：□cm

2 □に入《はい》る　かずを　こたえましょう。

あ　15cm 2 mm − 9 cm ＝□cm□mm

い　5 m60cm＋ 3 m ＝□m□cm

答えと解説は40ページ

目盛りは「数の概念」の進化形

多くの子どもがつまずくポイントの3つめは、「目盛り」と「単位」です。目盛りと単位は、その単元そのものの難しさに加え、ワースト1として146ページで紹介した「位」との関連が密接です。数の概念がわかっていないと、なおさら理解することが困難になります。

たとえば定規を見てみてください。最初の小さい目盛りは「1㎜」ですが、それが10個集まると「1㎝」になりますね。10㎜になれば位が1つ上がるのですが、単位が置き換わるので、数としては1のまま、という複雑な仕組みです。子どもからすれば、

「なんだか後ろについている英語が違う……」

「なんで1が10個でまた1なの？」

など、混乱を招く要素はたくさんあります。

さらに、テストなどで出される問題となると、1つの目盛りが1だったり、10だったり、20だったり、100だったりします。位と目盛りの概念を理解できていなければ、ついていくことはできません。

単位は「記憶＋数の概念」の合わせ技

そこに絡んでくるのが、「単位」です。

まず、覚えることが多いのが第一の難点ですね。とくに2年生で出てくる液体の単位はつまずきやすいポイントです。「水のかさを測る」の単元では、普段あまり耳にしない3つの単位が出てきます。

・L（リットル）
・dL（デシリットル）
・mL（ミリリットル）

です。dLは普段の生活では使いませんし、日常生活ではmLよりcc（シーシー）を使う機会も多いですから、親御さんでも迷ってしまうかもしれません。

また、長さの単位は、

- mm（ミリメートル）
- cm（センチメートル）
- m（メートル）
- km（キロメートル）

です。大人にとっては当たり前でも、日常生活でほとんど触れることのない子どもは多いでしょう。

単位の問題を解くためには、**正しく単位を覚えておくことに加え、計算を正しく行なうことが求められます。**単位の概念を理解したうえで、単位を揃えて計算する、というのは、かなりの難易度と見て間違いありません。

受験においても、算数以降の数学や化学、物理においても、「数字は合っているのに、最後の単位の換算で間違えて得点できない」ということはざらにあります。

単位についての理解は後々まで影響を及ぼします。最初に目盛りや単位を勉強するのは2年生。もしつまずいてしまったなら、思いきってそこまで戻りましょう。

目盛り・単位の苦手を克服する3つの秘訣

1 定規、ペットボトルなど実物で示す

やはり、**実物を使って説明する**のが、一番いい方法です。

教科書に載っているものさしの絵で理解できなくても、実際のものさしに触れることでずっと理解できるようになる子もいます。

あるいは液体の単位は、ペットボトルや牛乳パックを使うと、単位の感覚をつかみやすくなるでしょう。１Ｌの牛乳パックを手に持って、

「この牛乳パックは１Ｌだよ。パックには何mLって書いてある？」

と聞いてみましょう。あるいは、２Ｌのペットボトルを手に持って、

「このペットボトルは何mLかな？」

と確認させます。このように、**実物を見て単位の感覚を身につける**ことが、単位の苦手の克服には効果的です。

2　単位の意味を捉える

液体の量を表す単位（L、dL、mL）は、基本となる単位「リットル」に、「デシ」と「ミリ」がついてバリエーションを増やしたものといえます。

「d（デシ）」はそもそも「10個に分ける」を意味する言葉です。つまり、「1L＝10dL」の意味することは、「1Lを10個に分けると1dLになる」ということ。

同様に、「m（ミリ）」は「1000個に分ける」という意味なので、「1L＝1000mL」は「1Lを1000個に分けると1mLになる」ということなのです。

このように**「単位の意味」**を伝えておくと、たとえ未知の単位に出合ったときにも、うろたえることなく、単位を変換することができます。

10コに分けると…
1dℓ
10dℓ
1L
MILK
1ℓ＝10dℓ
1ℓ＝1000mℓ
1000コに
分けると…
これだけ…
1mℓ
1000mℓ

3　お金に換算する

単位もまた、お金で考えることができます。

1㎜を1円だと考えると……

1㎝（10㎜）＝10円
10㎝（100㎜）＝100円
1m（1000㎜）＝1000円

このように、お金と単位を結びつけて覚えておくと、子どもの頭にも残りやすく、換算するときにお金のイメージを使って処理することができるようになります。

れんしゅうもんだい

19 単位
（小学校２年生）

□に あてはまる かずを いれましょう。

1 ものさしの ひだりはしから ア、イ、ウまでの ながさは それぞれどれだけですか。
ただし 1 cm《センチメートル》を おなじ ながさに 10に わけた 1つぶんの ながさを 1ミリメートルといい 1mm《ミリメートル》と かきます。

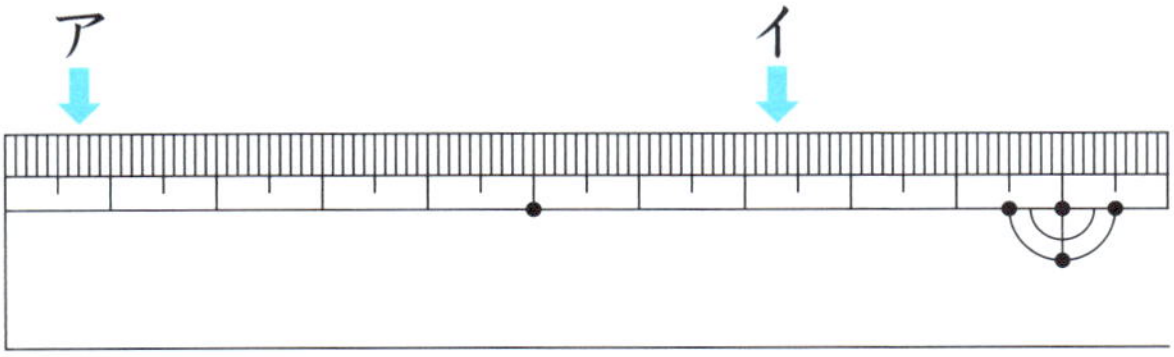

ア：□mm イ：□cm□mm

答えと解説は216ページ

20

単位
（小学校２年生）

□に あてはまる かずを いれましょう。

1 ㋐、㋑ どちらの せんが どれだけ ながいですか。

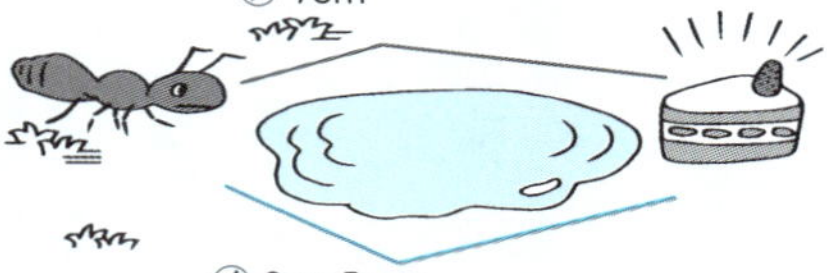

□㋐
□㋑ の せんが □cm □mm ながい。

けいさんを しましょう。

2 11cm 5mm＋3cm＝□cm □mm

3 15cm 2mm－9cm＝□cm □mm

れんしゅうもんだい

答えと解説は217ページ

21 単位
（小学校2年生）

□に あてはまる かずを いれましょう。

1. 1m＝□cm
2. 1m 55cmより 25cm みじかい ながさは□m□cmです。

けいさんを しましょう。

3. 5m12cm＋2m＝□m□cm
4. 12m30cm－7m＝□m□cm
5. 10m40cm－6m＝□m□cm

答え 答えと解説は218ページ

22

単位
（小学校２年生）

□に　あてはまる　かずを　いれましょう。

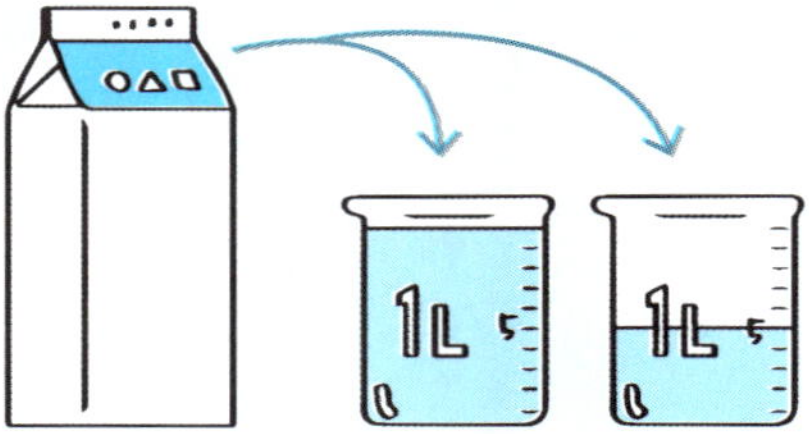

おおきな　かさを　あらわす　ときは　リットルという　たんいを　つかいます。

リットルはＬとかき　１Ｌは□dL です。

かみパックに　はいる　みずの　かさは

□Ｌ□dL です。

れんしゅうもんだい

答えと解説は219ページ

23 単位（小学校２年生）

□に あてはまる かずを かきましょう。

1. １L＝□dL
2. ３L ２dL＝□dL
3. ２L－４dL＝□dL
4. １L ８dL－５dL＝□L□dL
5. １L ６dL＋７dL＝□L□dL
6. ６dL＋４dL＝□L

答えと解説は220ページ

24

単位
（小学校２年生）

□に あてはまる かずを いれましょう。

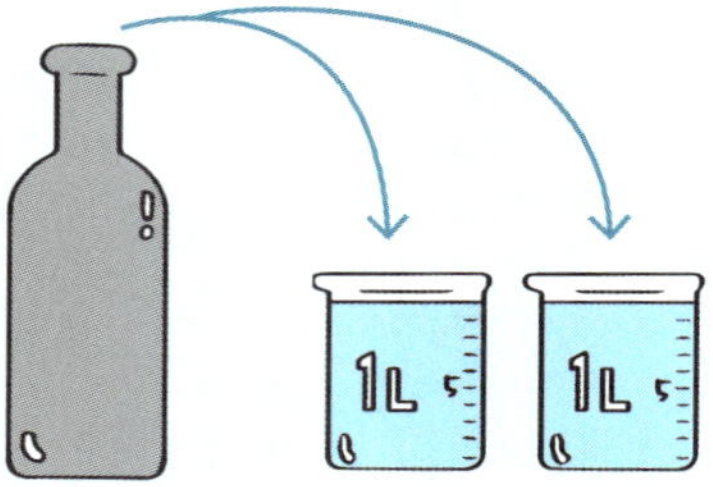

dL より すくない かさを あらわす たんいに ミリリットルが あります。
ミリリットルは mL と かき、1000mL は 1L です。
このビンの かさは□L なので □ mL です。
また、100mL は 1dL なので、このビンの かさは□dL です。

れんしゅうもんだい

答えと解説は221ページ

25 単位（小学校2年生）

かさの おおい じゅんに□に ばんごうを いれましょう。

① 10dL　500mL　2L　50mL

□　□　□　□

けいさんを しましょう。

② 2L ＋ 40mL ＝ □ mL

③ 305mL ＝ □ dL □ mL

答えと解説は222ページ

19 単位 （小学校２年生）

れんしゅうもんだい

□に あてはまる かずを いれましょう。

❶ ものさしの ひだりはしから ア、イ、ウまでの ながさは それぞれ どれだけですか。
ただし 1 cm《センチメートル》を おなじ ながさに 10に わけた 1つぶんの ながさを 1ミリメートルといい 1mm《ミリメートル》と かきます。

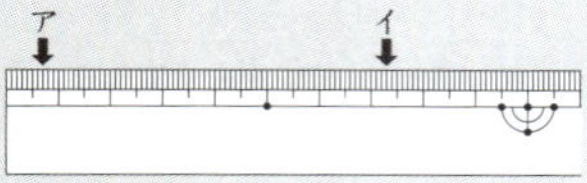

ア：[7]mm　イ：[7]cm[3]mm

209ページ

コメント

ものさしにおける基本の単位は「mm」と「cm」の２つです。単位名とそれぞれどの大きさの目盛りと対応しているかは、いち早く覚えてしまうのが得策です。

解説

❶ ものさしは一番小さい目盛りが1mm。
他の目盛りは以下の通り。

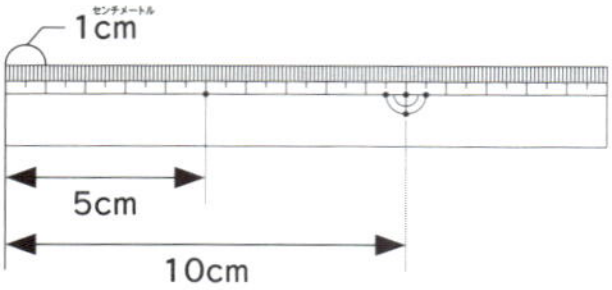

ア　端から7目盛りなので、
1mm × 7 = 7mm

イ　5cmの目盛り → 1cmの目盛り2つ → 3目盛りなので
5cm + 1cm × 2 + 3mm = 7cm3mm

ウ　10cmの目盛り → 1cmの目盛り → 5目盛りなので
10cm + 1cm + 5mm = 11cm5mm

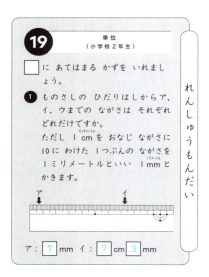

20 単位（小学校２年生）

□に あてはまる かずを いれましょう。

❶ ㋐、㋑ どちらの せんが どれだけ ながいですか。

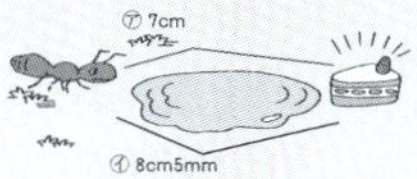

□㋐ ◯㋑ の せんが [1] cm [5] mm ながい。

けいさんを しましょう。

❷ 11cm 5 mm＋ 3 cm ＝ [14] cm [5] mm

❸ 15cm 2 mm－ 9 cm ＝ [6] cm [2] mm

れんしゅうもんだい

210ページ

コメント

位を揃えて計算する筆算の要領で、単位を揃えて計算していきましょう。たて書きで計算するクセをつけておくと、くり上がりが生じたときにも計算を間違えにくくなります。

解説

cmとmmを分けて計算する

❶

cm	mm
8cm	5mm
引き算 7cm	そのまま
1cm	5mm

❷

cm	mm
11cm	5mm
足し算 3cm	そのまま
14cm	5mm

❸

cm	mm
15cm	2mm
引き算 9cm	そのまま
6cm	2mm

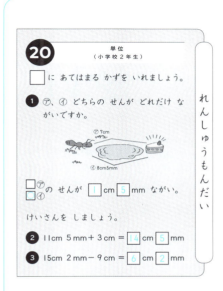

211ページ

21 単位
（小学校２年生）

□に あてはまる かずを いれましょう。

❶ 1m＝[100]cm

❷ 1m 55cm より 25cm みじかい ながさは[1]m[30]cm です。

けいさんを しましょう。

❸ 5m12cm＋2m＝[7]m[12]cm

❹ 12m30cm－7m＝[5]m[30]cm

❺ 10m40cm－6m＝[4]m[40]cm

コメント

問題文をよく読んで「どの部分を足し引きするのか」を見極める必要があります。ケアレスミスが出ないよう、慎重に進めていきたいですね。

解説

2

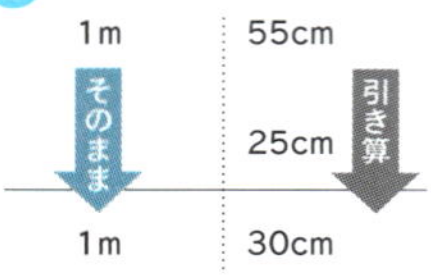

4

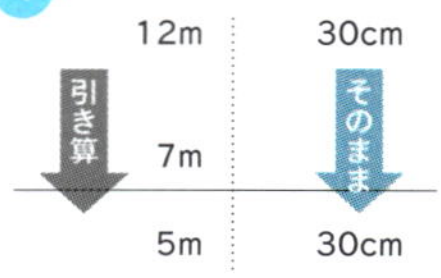

3

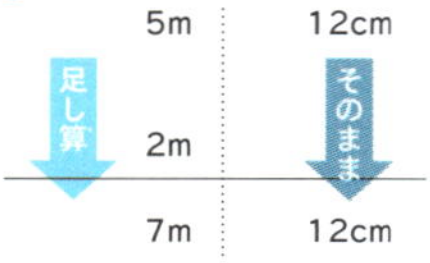

5

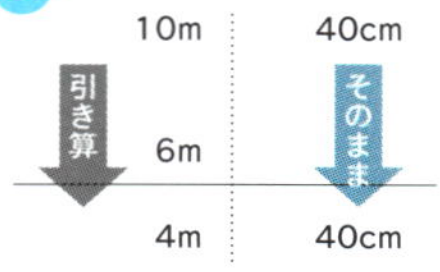

22 単位
（小学校2年生）

れんしゅうもんだい

□に あてはまる かずを いれましょう。

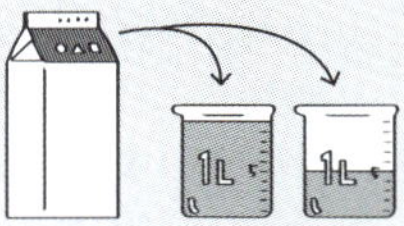

おおきな かさを あらわす ときは リットルという たんいを つかいます。
リットルはLとかき 1Lは[10]dL です。
かみパックに はいる みずの かさは
[1]L[5]dL です。

212ページ

コメント

新しい単位が次々に出てくることが混乱の原因に。それぞれの単位の大小は、実際に長さを測ったり、かさを比べたりして実感できると、飲みこみが早くなります。

解説

1Lのビーカーに目盛りが10
→1目盛りは1/10L＝1dL

満杯のビーカー＋5目盛りまで入ったビーカー
＝1L ＋5dL＝1L5dL

23 単位（小学校２年生）

□に あてはまる かずを かきましょう。

❶ 1L＝[10]dL

❷ 3L 2dL＝[32]dL

❸ 2L－4dL＝[16]dL

❹ 1L 8dL－5dL＝[1]L[3]dL

❺ 1L 6dL＋7dL＝[2]L[3]dL

❻ 6dL＋4dL＝[1]L

213ページ

コメント

単位の換算を利用した計算問題は、とにかく練習あるのみです。慣れないうちは、「1L＝10dL」などと紙の端に覚えていることをメモしてから計算していくのも手ですね。

解説

1. 1L=10dL（これは覚える。デシは「10分の1」の意味）
2. 3L=30dL
   3L2dL＝30dL＋2dL
   ＝32dL
3. 2L=20dL
   2L－4dL＝20dL－4dL
   ＝16dL
4. 1L8dL－5dL＝1L3dL
5. 1L6dL＋7dL＝1L13dL
   ＝1L＋10dL＋3dL
   ＝1L＋1L＋3dL
   ＝2L3dL
6. 6dL＋4dL＝10dL
   ＝1L

24 単位
（小学校２年生）

れんしゅうもんだい

□に あてはまる かずを いれましょう。

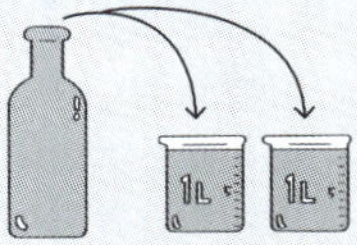

dLより すくない かさを あらわす たんいに ミリリットルが あります。
ミリリットルはmLと かき、1000mLは 1Lです。
このビンの かさは［2］L なので［2000］mL です。
また、100mLは 1dL なので、このビンの かさは［20］dL です。

214ページ

コメント

水かさを表す単位の中でも、mLは一番身近なものです。まずは身の回りにあふれるmL表示を探すところから始め、「1L＝1000mL」の感覚をつかんでおきましょう。

解説

・1Lのビーカー2杯分入っているので、
ビンのかさは2L

・1L＝1000mLなので、
2L＝1000mL × 2＝2000mL

・2L＝2000mL
100mL＝1dLなので、
2000 ÷ 100＝20

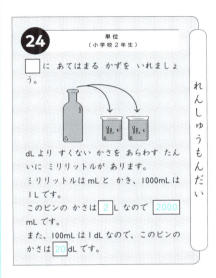

215ページ

25 単位
（小学校２年生）

かさの おおい じゅんに□に ばんごうを いれましょう。

❶ 10dL　500mL　2L　50mL

10dL	500mL	2L	50mL
2	3	1	4

けいさんを しましょう。

❷ 2L ＋ 40mL ＝ 2040 mL

❸ 305mL ＝ 3 dL 5 mL

コメント

問題をよく読まずに解き始めるとケアレスミスが続出します。余白に「1L＝10dL＝1000mL」とメモしておき、着実に解き進めていくこともできますね。

解説

1 いちばん小さい単位「mL」に書き換えて考えよう！

10dL＝1000mL
2L＝2000mL

10dL　500mL　2L　50mL
➡1000mL　500mL　2000mL　50mL

2 2L＝2000mL
2L＋40mL＝2000mL＋40mL
＝2040mL

3 100mL＝1dL
305mL＝300 mL＋5mL=3dL5mL

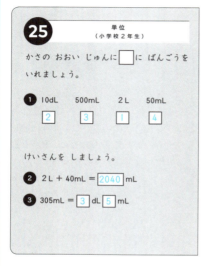

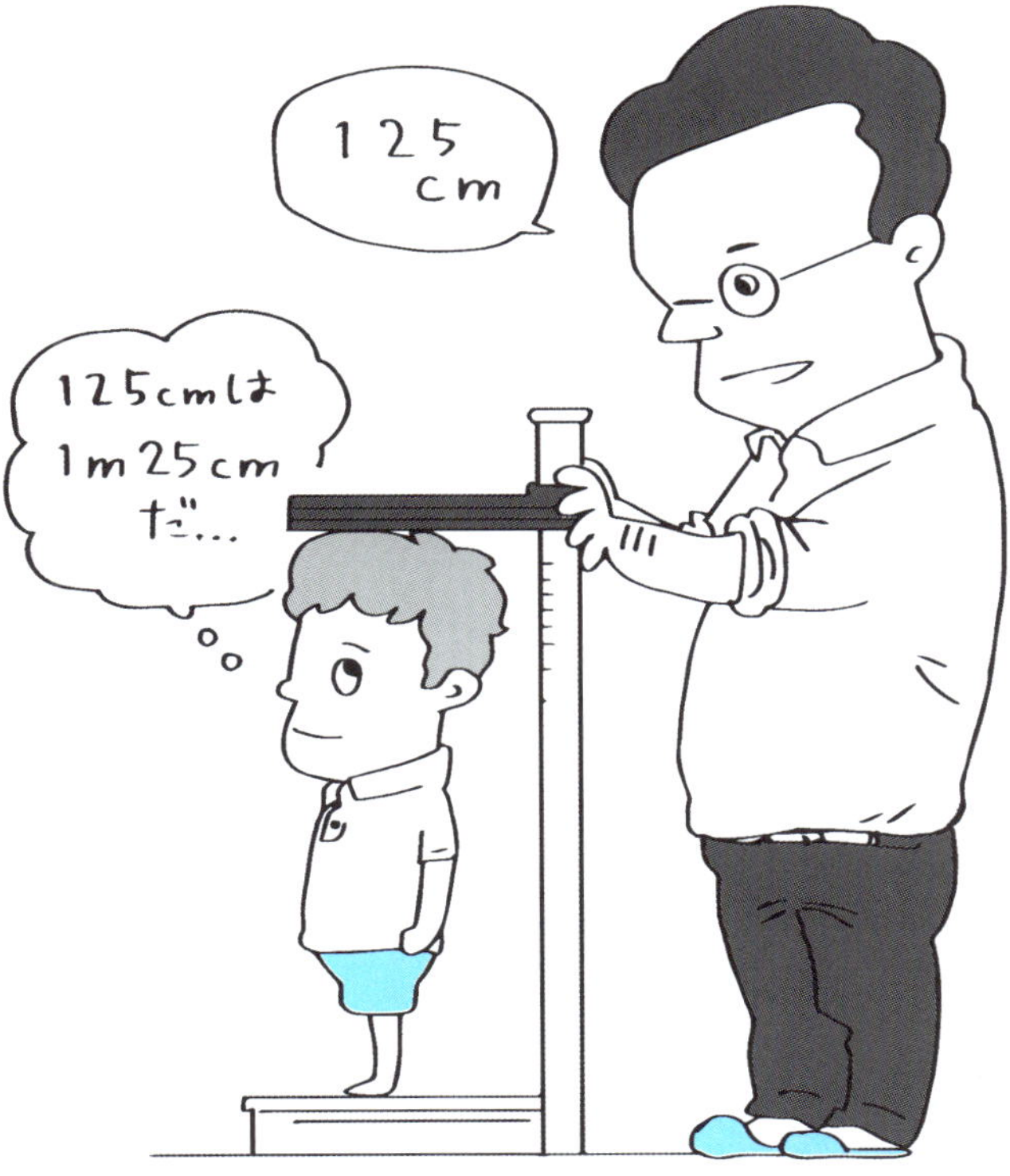
125
cm
125cmは
1m25cm
だ…

ワースト5

円と半径・直径の理解（小学校3年生）

なぜこれができないの!?　保護者がショックを受ける問題の1つ。

危険度 

ポイント

- 図形の形に加えて、「半径」「直径」という馴染みのない概念に直面しとまどう。
- 計算塾での先取り学習派にできない子多数。親がショックを受ける単元。
- ここでつまずくと、高学年の円の面積、円周率の計算でアウトになる。

※ワースト4の「文章題」は、3章で個別に取り上げています。276ページをご参照ください。

5 図形

（小学校３年生）

下《した》の図《ず》のように、おなじ大《おお》きさの円《えん》が３つあります。

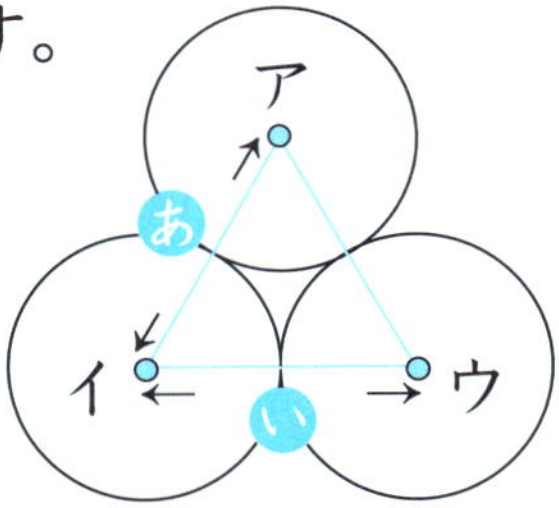

1 円《えん》の半径《はんけい》が３cmのとき、あといの長《なが》さは何《なん》cmでしょうか。

あ □ cm　　い □ cm

2 ３つの円《えん》の中心《ちゅうしん》ア、イ、ウをむすんでできる三角形《さんかくけい》は次《つぎ》のうちどれでしょうか。

□ 正三角形《せいさんかくけい》　□ 二等辺三角形《にとうへんさんかくけい》　□ 直角三角形《ちょっかくさんかくけい》

れんしゅうもんだい

答えと解説は42ページ

みんなが苦手な問題①　直径と半径

ワースト5は円の半径、直径の問題です。この問題はこれまで、多くの親御さんに大きなショックを与えてきました。

私たちは、ＲＩＳＵという教材を広く知っていただくため、ショッピングモールなどで体験イベントを行なっています。そこでよく使うのが、この円と三角形を組み合わせた問題です。

たとえば計算を中心にした学習塾で中学校の範囲を学習しているようなお子さんでも、この三角形の問題ができないことは珍しくありません。横で見ている親御さんは、

「もう中学校の内容を勉強しているんだし、こんなのは簡単よね」

などと思っているのですが、８割方のお子さんはこの問題を前にフリーズしてしまいます。

たくさんの子どもをフリーズさせてきたこの問題は、計算としては簡単なのです。しかし、この問題においては、図形から問題の意図を読み解かないといけません。それには以下のようなステップが必要です。

1 形を理解する
2 文章の意図から式を立てる
3 式を解く

計算塾やそろばん教室に通っていると、3だけは徹底的に練習してきているでしょう。でも、**「形を理解する力」「式を立てる力」に関しては、計算塾ではまったく扱いません。計算を100万回しても身につかない能力**なのです。

計算塾などで先取り学習をしていると、親にも子どもにも、妙なプライドが出てきてしまいます。どこかでつまずいてしまったときに、下の学年に戻って復習することができないのです。「この子は先取りしているから、低学年の範囲はすべてわかっているはず」という幻想が邪魔をしてしまうのでしょう。しかし、子どもが算数でつまずいたときは、どれだけこの幻想を捨てられるかが勝負です。

みんなが苦手な問題②　箱に入った球の問題

もう1つ、多くのお子さんが苦手な問題があります。

【問題】箱にボール（球）が6個、図のように入っています。次のアの長さを答えましょう。

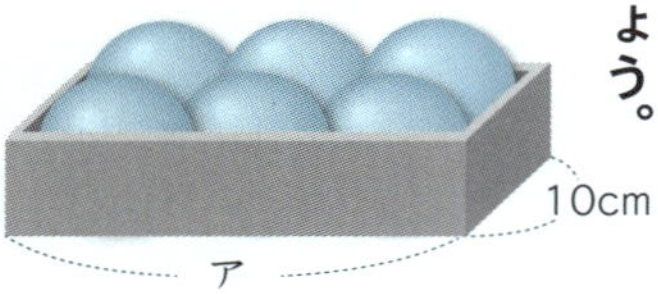

【答え：15㎝】

最近も、ある親御さんに、この問題を見せて、

「この問題、みんな間違うんですすよ」

と話をしました。教育熱心な方でしたので、

「本当に、この問題ですか？　みんな間違えるって、どこで？」

と半信半疑。

「とても簡単に思えるけど……」

とおっしゃっていました。そして数カ月後、久しぶりにお会いしたところ、その方は、

「今木さん！　あの問題、本当でした。うちの子も3年生なんですけど、夏のドリルで間違えてて！」

と笑ってご報告いただきました。

「みんな間違えると聞いていたので、息子が間違ったときには、なんだか興奮しました。本当に間違えるんだ……って。でもみんながつまずくって知らなかったら、**『どうしてこんな簡単な問題ができないの？』**って不安になってたかもしれません。先に教えてもらえてよかったです」

とのことでした。

このように子どもが間違えやすいポイントを知っているだけでも、親は余計な不安にかられることがなくなります。すると、**間違えた子どもにも余裕を持って接することができます**から、それだけも大きなメリットだと思います。

このように、親からすれば解けて当たり前の問題を、多くの子どもがボロボロ落としているのです。

念のため先ほどの問題の答えですが、２つの球の直径の合計が10㎝と示されていますから、１つの球の直径が、

10÷２＝５（㎝）

となります。それが３つ並んでいるので、

５×３＝15（㎝）

となり、答えは「15㎝」です。

半径と直径の苦手を克服する3つの秘訣

1 円の半径、直径の考え方をしっかり復習する

半径、直径という言葉は、小学校3年生にとって馴染みのない言葉です。まずはこの2つの言葉の意味するところをしっかりおさえること。

日常生活の中で、使ってみるといいですね。たとえばホールケーキを切るときに、

「ケーキの直径はいくつ？」

「切り分けたこの部分は半径だね」

などと話をすれば、**概念を具体的な物に置き換えて理解する**ことができます。

このように、図形を具体的な物に置き換えるのは、大人としては違和感があるかも

しれませんが、子どもの理解を促すには本当に効果的です。円の学習だけでなく、そのほかの平面図形や立体図形の学習の際にも、ぜひ活用してみてください。

2　いろいろな円の問題に慣れる

円の問題において大切なことは、様々なパターンに触れておくことです。

練習問題としていろいろな円の問題に触れ、そして自分で試行錯誤して考えてみることで、子どもは円の扱いに慣れていくでしょう。具体的には、**1問につき1分以上はしっかり考えて、自分で解く**練習をしてください。難しくて解けない場合は、解説を先に見て説明をしてから改めて問題に取り組む、という順番でもかまいません。

ここでは、試験でよく出る円の問題をいくつかご紹介しておきますので、お子さんが半径・直径に慣れるためにご活用ください。

れんしゅうもんだい

26 半径と直径
（小学校3年生）

下《した》の図《ず》のように、円《えん》が2つあります。大《おお》きい円《えん》あの半径《はんけい》と小《ちい》さい円《えん》いの直《ちょっ》径《けい》の長《なが》さはおなじです。

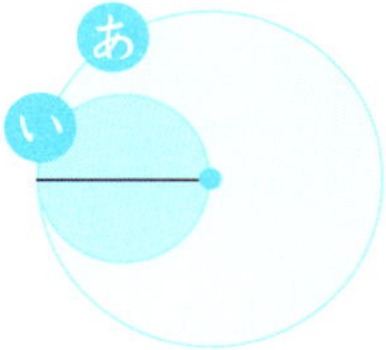

1 大《おお》きい円《えん》の直径《ちょっけい》が28cmのとき、大《おお》きい円《えん》の半径《はんけい》は何《なん》cmでしょうか。

答《こた》え □ cm

2 おなじときに、小《ちい》さい円《えん》の半径《はんけい》は何《なん》cmでしょうか。答《こた》え □ cm

答えと解説は240ページ

27

半径と直径
（小学校３年生）

下《した》の図《ず》のように、直径《ちょっけい》6 cm のおなじ大《おお》きさの円《えん》を４つならべました。

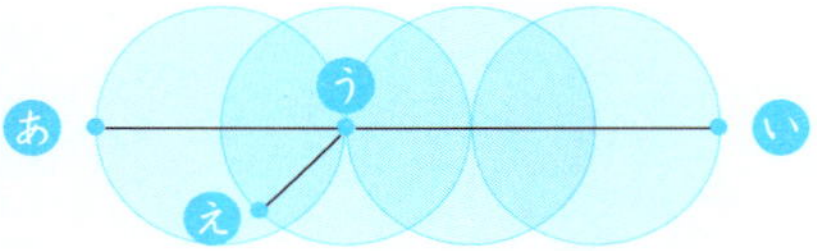

1 あからいの直線《ちょくせん》の長《なが》さは何《なん》 cm でしょうか。

答《こた》え □ cm

2 うからえの直線《ちょくせん》の長《なが》さは何《なん》 cm でしょうか。

答《こた》え □ cm

れんしゅうもんだい

答えと解説は241ページ

28 半径と直径
（小学校３年生）

下《した》の長方形《ちょうほうけい》に、半径《はんけい》2 cm の円《えん》を重《かさ》ならないようにしきつめます。

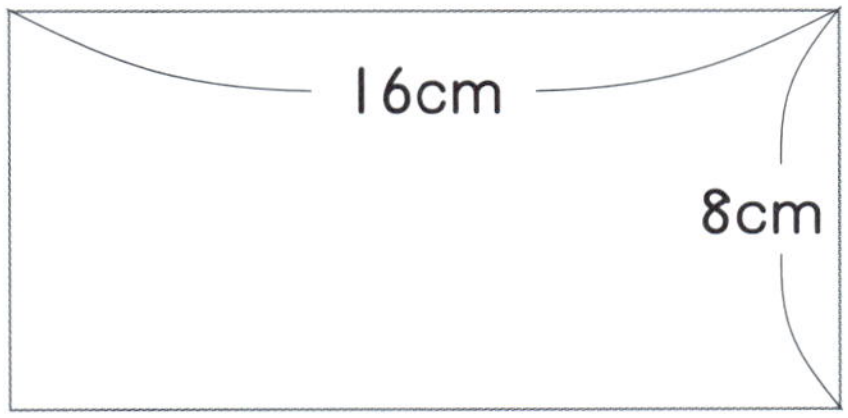

1 いくつの円《えん》をしきつめることができるでしょうか。

答《こた》え □ つ

答えと解説は242ページ

3　四角形の一部に三角形が入っている問題に戻る

円の問題でも、特に直径と半径の問題が苦手なようだったら、次のような、**2年生の図形の基礎的な問題に戻ります。**

【問題】2つにおった紙に、図のような線をひき、はさみで切りました。ひらいたときに、紙は、どんな三角形になっていますか。

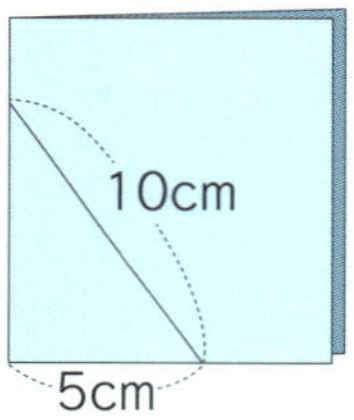

□ 二等辺三角形《にとうへんさんかくけい》

□ 正三角形《せいさんかくけい》

【答え：正三角形】

四角形と三角形の組み合わせの問題への十分な理解が、円と三角形の組み合わせ、円と直線の組み合わせの問題の基礎となります。

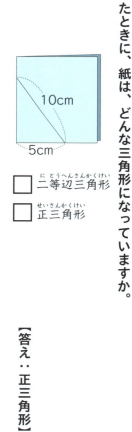

れんしゅうもんだい

29 四角形と三角形（小学校2年生）

直角三角形《ちょっかくさんかくけい》を 見《み》つけましょう。

1

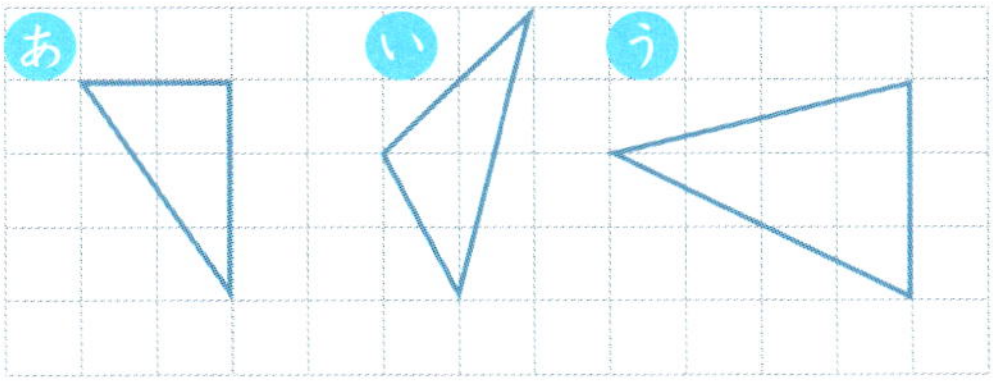

□あ □い □う

2

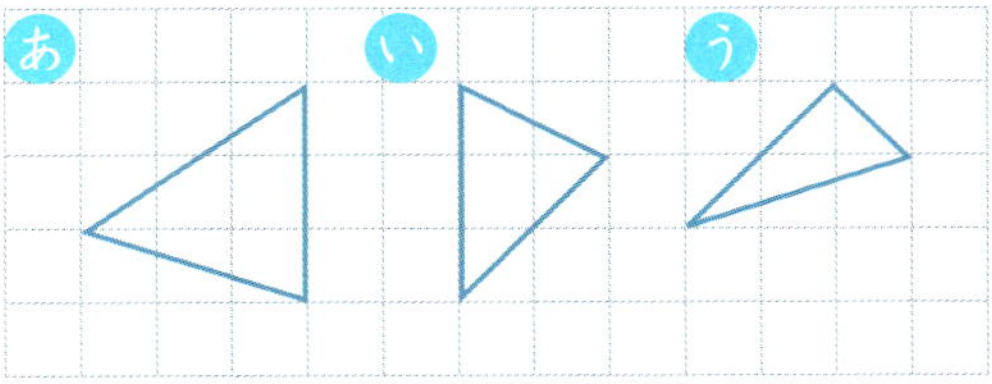

□あ □い □う

答えと解説は243ページ

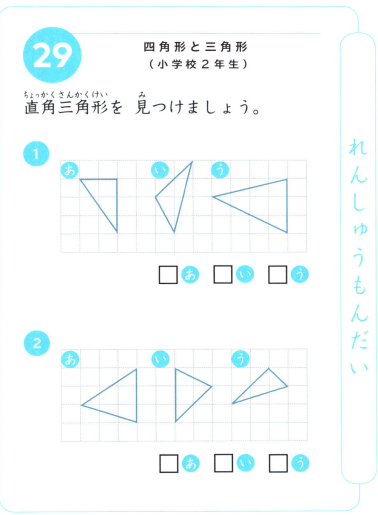

れんしゅうもんだい

30 四角形と三角形（小学校２年生）

長方形《ちょうほうけい》と正方形《せいほうけい》のくみあわせを 見《み》つけましょう。

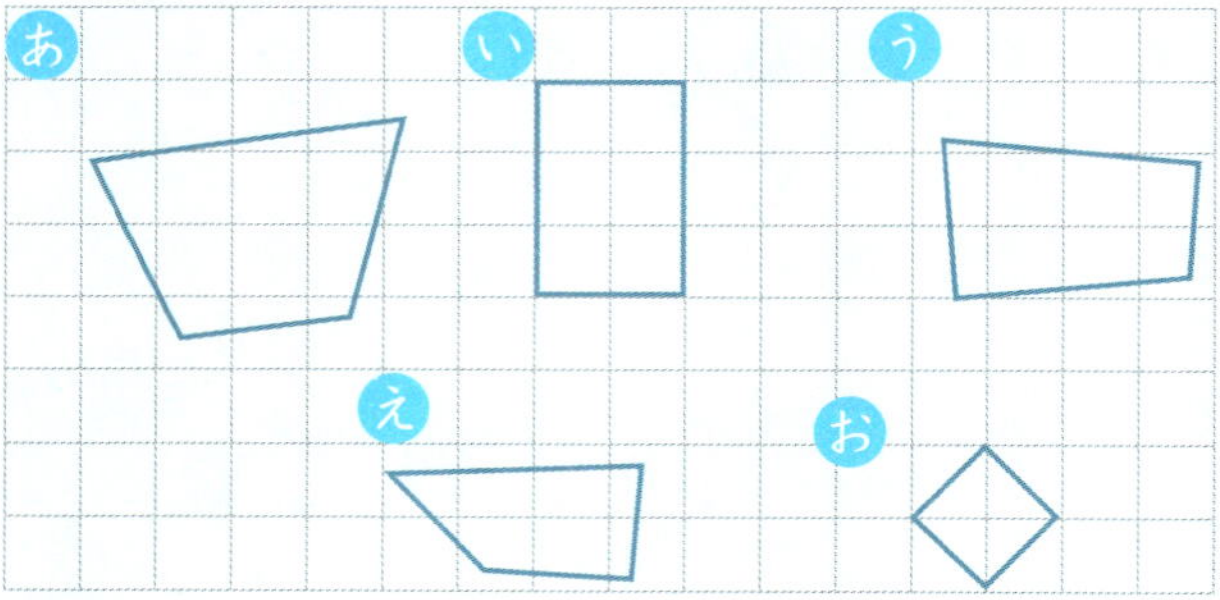

□ 長方形《ちょうほうけい》が あ、正方形《せいほうけい》が う

□ 長方形《ちょうほうけい》が あ、正方形《せいほうけい》が お

□ 長方形《ちょうほうけい》が い、正方形《せいほうけい》が う

□ 長方形《ちょうほうけい》が い、正方形《せいほうけい》が お

答えと解説は244ページ

31 四角形と三角形
（小学校3年生）

1

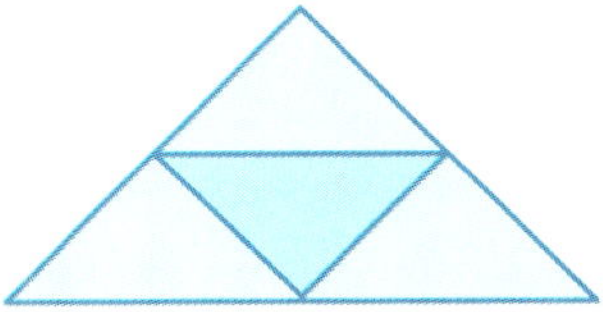

2

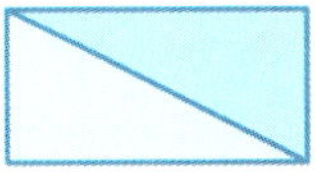

1 の図形《ずけい》は、ならべてある図形《ずけい》も、４つならべてできあがった図形《ずけい》も、りょうほう

□ 正方形《せいほうけい》
□ 二等辺三角形《にとうへんさんかくけい》
です。

2 のように、２つの直角三角形《ちょっかくさんかくけい》をならべると

□ 正方形《せいほうけい》
□ 長方形《ちょうほうけい》
になります。

答えと解説は245ページ

26 半径と直径（小学校３年生）

れんしゅうもんだい

下《した》の図《ず》のように、円《えん》が２つあります。大《おお》きい円《えん》あの半径《はんけい》と小《ちい》さい円《えん》いの直《ちょっ》径《けい》の長《なが》さはおなじです。

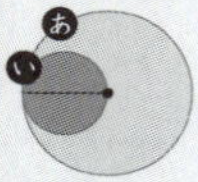

1. 大《おお》きい円《えん》の直径《ちょっけい》が 28cm のとき、大《おお》きい円《えん》の半径《はんけい》は何《なん》cm でしょうか。
答《こた》え 14 cm

2. おなじときに、小《ちい》さい円《えん》の半径《はんけい》は何《なん》cm でしょうか。 答《こた》え 7 cm

233ページ

コメント

「半径」と「直径」に関する問題だけでもたくさんのパターンがあります。基礎となる概念はしっかりとおさえておきたいものです。

解説

半径 ＝ 直径の ½

1. 直径が28㎝なので、半径は、
$28 \times \frac{1}{2} = 14$cm

2. 大きい円の半径と小さい円の直径の長さが同じなので、
1 より小さい円の直径は14cm
小さい円の半径は、
$14 \times \frac{1}{2} = 7$cm

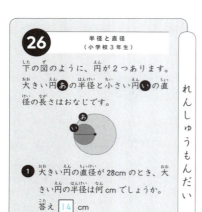

27 半径と直径（小学校3年生）

れんしゅうもんだい

下《した》の図《ず》のように、直径《ちょっけい》6cm のおなじ大《おお》きさの円《えん》を4つならべました。

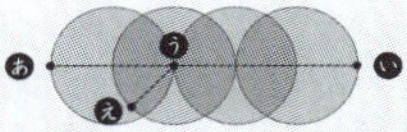

❶ あからいの直線《ちょくせん》の長《なが》さは何《なん》cm でしょうか。　答《こた》え 15 cm

❷ うからえの直線《ちょくせん》の長《なが》さは何《なん》cm でしょうか。　答《こた》え 3 cm

234ページ

コメント

「半径」や「直径」を扱う問題の中でも頻出なのが、複数の円が重なり合っているものです。問題文に惑わされず、どの情報が必要なのかを見極めることがポイントです。

解説

1 あからいの長さは、円の直径2つ分＋半径1つ分
円の直径は6cm、半径は3cm
6cm × 2 ＋ 3cm ＝ 15cm

2 うからえは円の半径なので、3cm

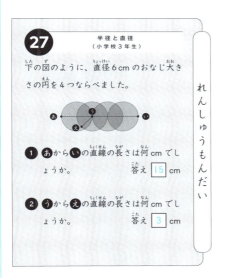

28 半径と直径
（小学校３年生）

下《した》の長方形《ちょうほうけい》に、半径《はんけい》２cmの円《えん》を重《かさ》ならないようにしきつめます。

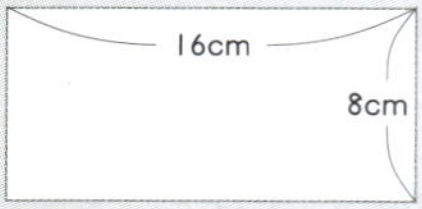

❶ いくつの円《えん》をしきつめることができるでしょうか。　答《こた》え［８］つ

解説

❶ 半径２cmの円の直径は、２×２＝４（cm）

長方形の横の長さは16cmなので、
横には16÷４＝４で４つ円をしきつめられる。
長方形の縦の長さは８cmなので、
縦には８÷４＝２で２つ円をしきつめられる。

横には４つ、縦に２つ円をしきつめられるということは、４×２＝８で、長方形の全体に８つ円をしきつめることができる。

235ページ

コメント

まずは長方形の中に円を１つ描き、その円の半径を線で描きこみましょう。問題文を図にして見ると、理解が深まります。

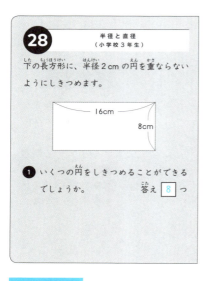

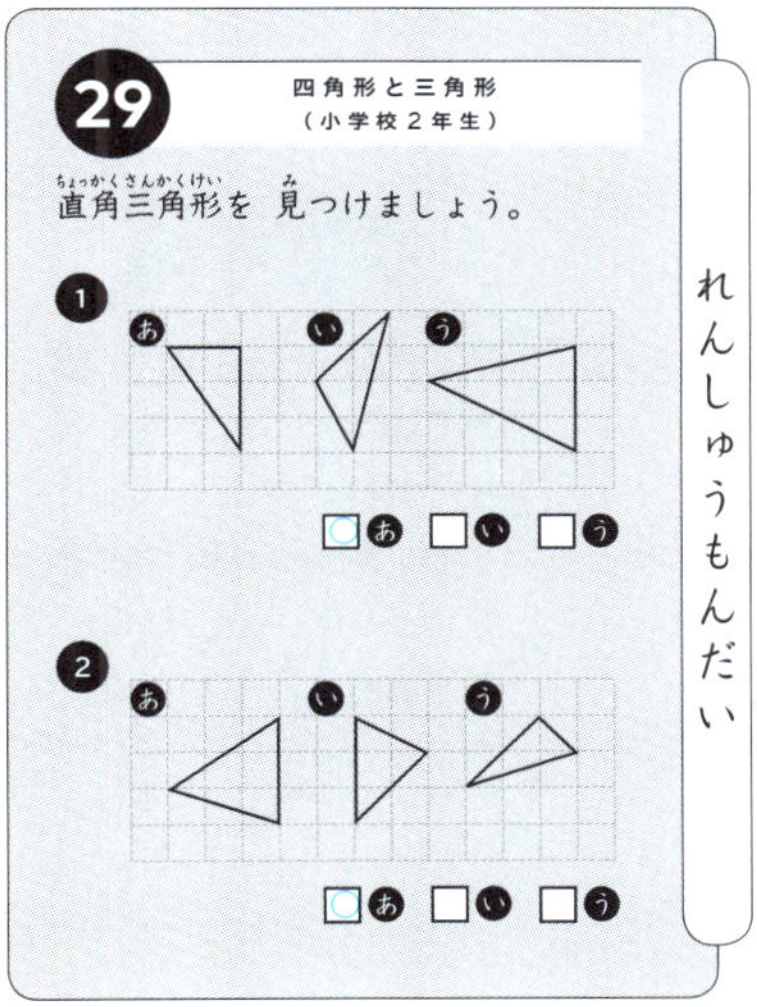
29 四角形と三角形
（小学校２年生）

直角三角形《ちょっかくさんかくけい》を 見《み》つけましょう。

1 あ い う

○あ □い □う

2 あ い う

○あ □い □う

れんしゅうもんだい

237ページ

コメント

わかりやすい正方形の線だけを追っていると、意外と解けない問題です。解けなかった場合は、直角の性質と角度を復習しておきましょう。

解説

1 方眼のマス目は正方形で、角が直角。
あの右上の角が方眼に一致しているので、
あが直角三角形

2 うに注目すると、正方形の角を半分に切り分けているところがある。
直角（90°）の半分なので45°
45°が2つ合わさっているので、ここが90°＝直角。
なので、答えはう

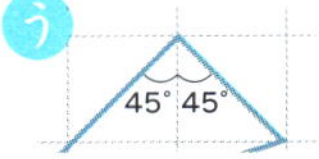

わかりやすい正方形の線だけを追っていると意外と解けない問題です。

30 四角形と三角形
（小学校２年生）

長方形《ちょうほうけい》と正方形《せいほうけい》のくみあわせを 見《み》つけましょう。

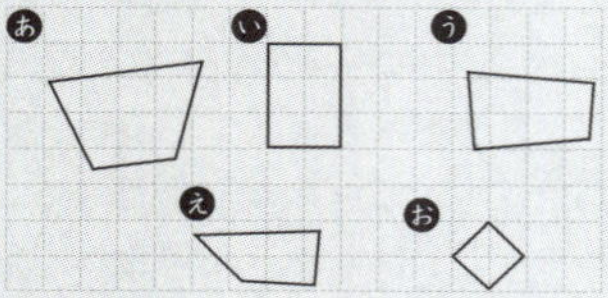

□ 長方形《ちょうほうけい》が あ、正方形《せいほうけい》が う
□ 長方形《ちょうほうけい》が あ、正方形《せいほうけい》が お
□ 長方形《ちょうほうけい》が い、正方形《せいほうけい》が う
○ 長方形《ちょうほうけい》が い、正方形《せいほうけい》が お

れんしゅうもんだい

238ページ

コメント

前の問題に引き続き、改めて問われると意外と答えられないかもしれませんね。焦らず、直角の定義や長方形・正方形の特徴をおさらいしておきましょう。

解説

1 方眼のマス目は正方形で、角が直角。
あといではいの角が方眼と一致している。
長方形の角は直角なので、
長方形はい

2 おに注目すると、辺が方眼の直角を半分に切り分けている。
直角（90°）の半分なので45°
45°が2つ合わさっているので、
ここが90°＝直角。
正方形の角は直角なので、
正方形はお

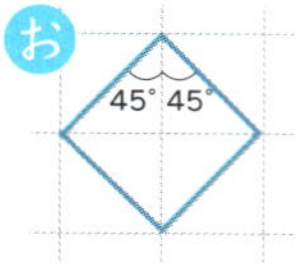

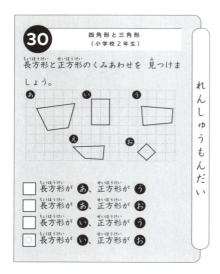

31 四角形と三角形
（小学校３年生）

❶
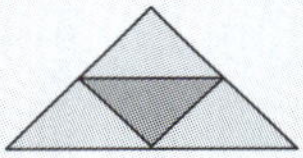

❷

❶の図形《ずけい》は、ならべてある図形《ずけい》も、４つならべてできあがった図形《ずけい》も、りょうほう

□ 正方形《せいほうけい》
○ 二等辺三角形《にとうへんさんかくけい》

です。

❷のように、２つの直角三角形《ちょっかくさんかくけい》をならべると

□ 正方形《せいほうけい》
○ 長方形《ちょうほうけい》

になります。

239ページ

コメント

これまでの２問を組み合わせた問題です。図形を構成する要素をうまく使って図形の特徴を捉えられると、選択肢に惑わされずに答えを導き出すことができます。

解説

1

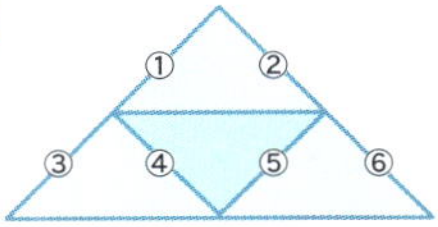

並べてある図形は三角形で、左右の辺の長さが等しい。
→二等辺三角形

4つ並べてできあがった図形も三角形で、左右の長さが等しい。
→二等辺三角形

2

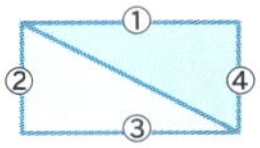

２つの直角三角形をならべてできた図形は、
・四角形
・すべての角が直角
・向かい合う２組の辺の長さがそれぞれ等しい
→長方形

※正方形は4つのすべての辺の長さが等しい図形なので、この図形は正方形ではない。

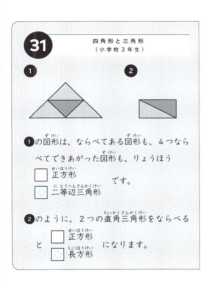

番外編　時計（分単位）の計算（小学校2年〜3年生）

受験組は絶対克服すべきだが、そうでないなら放置してもよい単元。

危険度 

ポイント

- いきなり出てくる60進法にとまどう子多数！
- 午前・午後、24時＝0時もわかりにくい。
- 時計の学習は低学年で終了し高学年以降はでてこない。苦手なまま放置しても実害はない（ただし受験組には必須）。

れんしゅうもんだい

32

時間
（小学校2年生）

どのくらい　時間《じかん》が　たちましたか。

午前《ごぜん》8時《じ》15分《ふん》 → 午後《ごご》3時《じ》30分《ふん》

□時間《じかん》□分《ふん》

答えと解説は259ページ

時計は放置しても実害がほとんどない

番外編として紹介する「時計」ですが、じつのところ、**つまずく子どもが一番多い**といっても過言ではない単元です。

時計の単元では、いきなり60進法と24進法が混ざり合い、しかも午前・午後の区別が入るなど、これまで子どもが触れてきた10進法とは勝手がまるで違うのです。

時計がなぜ、子どもにとって最難関といえるのか、その理由をまとめると、次のようになります。

- 60進法（60秒で1分、60分で1時間）
- 24進法（24時間で1日）。24時過ぎると0時になる
- 午前・午後というルールがある
- 「午後1時と13時が同じ」など、24時間で表すこともある
- 長針・短針が別の動きをする

・長針と短針で読み方が違う（時計の表示は短針中心）
・分で表すときも、時間で表すこともある（90分、1時間30分、1時間半がみな同じ）
・最近はデジタル時計も増え、アナログ時計に馴染みがない

たとえば「3時15分」というのは、短針は3のちょうど上にはなくて、3の近くの中途半端な場所にありますし、反対に、3時55分などは、短針は限りなく4に近い位置を指していますから、感覚的には「3時〜」と言いにくい。

加えて長針のほうは「3」しか書いていないところを指しているのに「15」と読まなければいけないわけです。

このように、**時計という単元には数多くの「決まりごと」があり、そのルールに則って計算をするという二段構え**が子どもたちを苦しめているのです。

さらに、くり上がりが入ってくると、さらに問題は難しくなります。

【問題】ある地点まで歩いて2時間43分かかりました。さらに3時間30分歩きました。合計では、何時間何分歩きましたか?

【答え:2時間43分+3時間30分=5時間73分=6時間13分】

子どもたちは小学校2、3年生でこの単元を勉強しますが、その時期はちょうど、位の概念そのものを身につけようと必死になっている時期でもあります。

「10」「100」で位が変わると習っていたのに、突然、24や60で変わるとなると、もう何がなんだかわからない、というわけです。

時計を一生懸命理解しようとすることで、それまで頑張ってきた「位の概念」がかえってわからなくなってしまう子どももいます。

そもそも難しいうえに、学習のタイミングもいまいち……ということで、時計に関しては、中学受験をしないお子さんであれば、**低学年の間は放置していい**のではないかと私は思っています。

なぜなら、４年生以降になれば、時計はほぼ、算数に登場しないからです。放っておいてもそのうちわかるようになるうえ、時計を読めたあとの応用問題もとくにない。時計はそんな特殊な単元なのです。

一方、中学受験をする場合には、この単元をしっかりおさえなくてはなりません。前述のように時計はそもそも難しいので、その他の単元と結びついてよく出題されます。時計としての内容だけでなく、長針と短針がつくる角度を求めさせることも多いですね。

中学受験をするかどうかで、扱いが変わる。というわけで、本書では時計を「番外編」として扱っているのです。

時計の苦手を克服する3つの秘訣

1　家にアナログ時計を置く

時計の単元が難しいのは、固有のルールが多いからです。ですからまずは、アナログ時計に慣れさせてあげましょう。普段から目にしていれば、取り組む際のハードルは大きく下がります。

2　実際の時計を使って解説する

実際の時計や時計の模型を使って、長針を回しながら解説すると、意外と簡単に問題を解けることがあります。紙の上だけで何とかしようとするのはNGです。

3 あまりに苦手な場合は、時間を置いてから

時計の単元があまりに苦手な場合は、少し時間を置くのも手です。「位の概念」をしっかりと獲得した後に学習すれば難なく習得できることもあります。

受験を考えている子どもでも、低学年のうちはいったん置いておいて、高学年になってから時計の問題に取り組んでも遅すぎることはありません。

33

時間
（小学校２年生）

今《いま》の時《じ》こくは　８時《じ》10分《ふん》です。つぎの時《じ》こくを　答《こた》えましょう。

1　20分後《ふんご》　　答《こた》え □ 時《じ》 □ 分《ふん》

2　40分後《ふんご》　　答《こた》え □ 時《じ》 □ 分《ふん》

3　60分後《ふんご》　　答《こた》え □ 時《じ》 □ 分《ふん》

れんしゅうもんだい

答えと解説は260ページ

34

時間
（小学校2年生）

1日《にち》の時間《じかん》についてしろう！

6時間《じかん》　6時間《じかん》　6時間《じかん》　6時間《じかん》

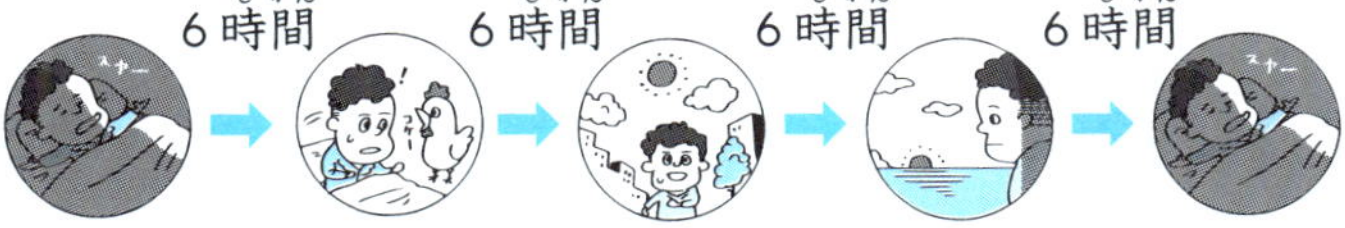

午前《ごぜん》0時《じ》　午前《ごぜん》6時《じ》　午前《ごぜん》12時《じ》　午後《ごご》6時《じ》　午前《ごぜん》0時《じ》

午前《ごぜん》　午後《ごご》

1 午前《ごぜん》は　あさ何時《なんじ》から　ひる何時《なんじ》までですか。

答《こた》え □時《じ》から □時《じ》まで

2 午前《ごぜん》と　午後《ごご》は　何時間《なんじかん》ずつ　ありますか。

答《こた》え □時間《じかん》ずつ

答えと解説は261ページ

35 時間
（小学校２年生）

れんしゅうもんだい

「24 時間《じかん》」の数《かぞ》え方《かた》をおぼえよう！

午後《ごご》 1 時《じ》
＝ 13 時《じ》

午後《ごご》 3 時《じ》
＝ 15 時《じ》

午後《ごご》 5 時《じ》
＝ 17 時《じ》

午後《ごご》 11 時《じ》
＝ 23 時《じ》

1

答《こた》え　午後《ごご》 □ 時《じ》 □ 分《ふん》＝ 23 時《じ》

2

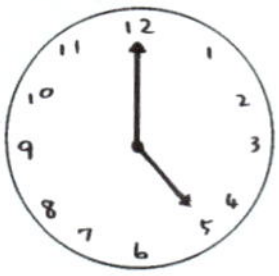

答《こた》え　午後《ごご》 □ 時《じ》 □ 分《ふん》＝ □ 時《じ》

答えと解説は262ページ

36 時間
（小学校2年生）

1 午前《ごぜん》9時《じ》30分《ふん》に　家《いえ》を出《で》て、5時間後《じかんご》に　ゆうえんちに着《つ》きました。着《つ》いた時《じ》こくは　何時何分《なんじなんふん》ですか。

答《こた》え　午後《ごご》□時《じ》□分《ふん》

2 午前《ごぜん》12時《じ》00分《ふん》に　家《いえ》を出《で》てから　70分後《ふんご》に　うみに着《つ》きました。うみに着《つ》いたのは　何時何分《なんじなんふん》ですか。

答《こた》え　午後《ごご》□時《じ》□分《ふん》

3 家《いえ》から　えきまで　90分《ふん》かかります。午後《ごご》11時《じ》30分《ふん》に　えきに着《つ》くには　家《いえ》を　何時何分《なんじなんふん》に　出《で》ればいいですか。

答《こた》え　午後《ごご》□時《じ》□分《ふん》

答えと解説は263ページ

れんしゅうもんだい

37 時計

（小学校３年生）

下《した》の図《ず》を見《み》ながら　問題《もんだい》に　答《こた》えましょう。

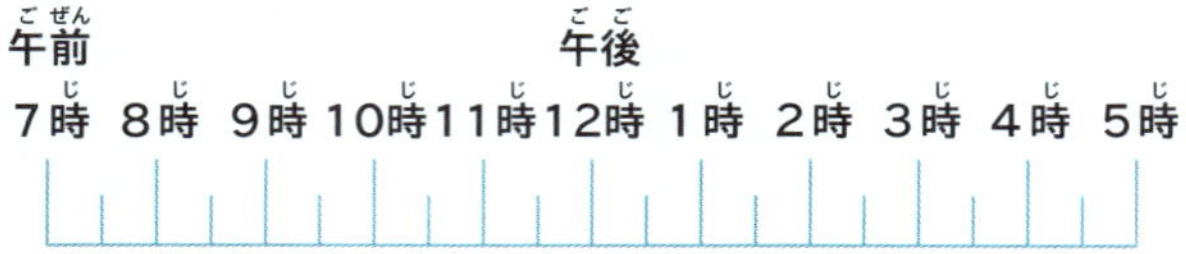

1. 午前《ごぜん》11時《じ》から　午後《ごご》1時《じ》までは何《なん》時間《じかん》ですか。　答《こた》え □ 時間《じかん》

2. 午前《ごぜん》9時《じ》から　午後《ごご》2時《じ》までは何《なん》時間《じかん》ですか。　答《こた》え □ 時間《じかん》

3. 午前《ごぜん》11時《じ》から　午後《ごご》5時《じ》までは何《なん》時間《じかん》ですか。　答《こた》え □ 時間《じかん》

4. 午前《ごぜん》8時《じ》から　午後《ごご》4時《じ》までは何《なん》時間《じかん》ですか。　答《こた》え □ 時間《じかん》

答えと解説は264ページ

答えと解説

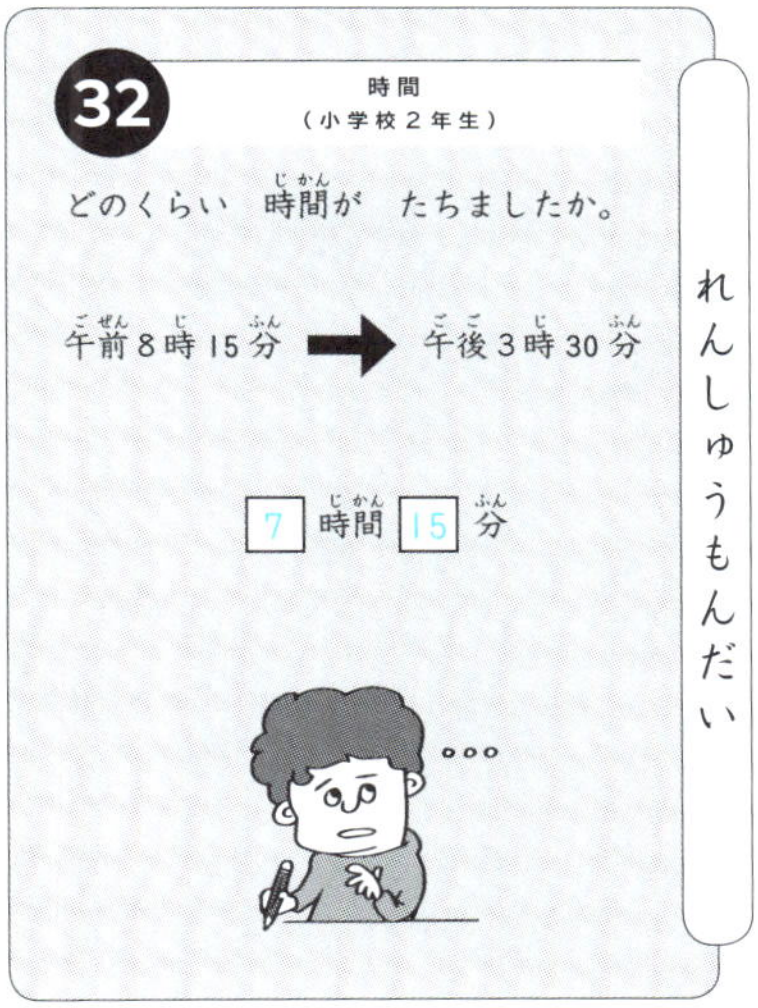
32 時間
（小学校２年生）

どのくらい 時間《じかん》が たちましたか。

午前《ごぜん》8時《じ》15分《ふん》 → 午後《ごご》3時《じ》30分《ふん》

7 時間《じかん》 15 分《ふん》

れんしゅうもんだい

247ページ

コメント

午前中の経過時間と午後の経過時間に分けて考える方法もありますが、今回のように「分」の計算を伴う場合は、24時間表示で考えたほうがスムーズです。

解説

24時間で考える！

午前８時15分→８時15分
午後３時30分→15時30分

15時30分－８時15分＝７時間15分

33 時間
（小学校２年生）

れんしゅうもんだい

今《いま》の時《じ》こくは　8時《じ》10分《ふん》です。つぎの時《じ》こくを　答《こた》えましょう。

❶ 20分後《ふんご》　答《こた》え　8 時《じ》 30 分《ふん》

❷ 40分後《ふんご》　答《こた》え　8 時《じ》 50 分《ふん》

❸ 60分後《ふんご》　答《こた》え　9 時《じ》 10 分《ふん》

254ページ

コメント

計算をするときは単位を揃えなければなりません。単位のくり上がりが複雑なのは、「時」や「分」が60進法のためです。

解説

1と2は時刻の「分」に時間の「分」を足してみよう！

1 10分＋20分＝30分 ➡ 8時30分

2 10分＋40分＝50分 ➡ 8時50分

3 60分＝1時間（これは覚える！）
だから、60分後＝1時間後

8時10分の1時間後は9時10分

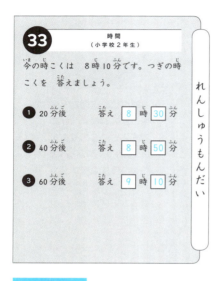

34 時間
（小学校２年生）

１日《にち》の時間《じかん》についてしろう！

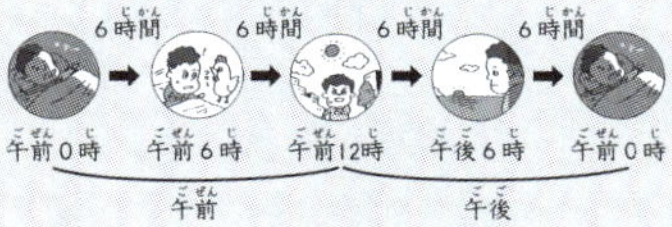

❶ 午前《ごぜん》は　あさ何時《なんじ》から　ひる何時《なんじ》まで
ですか。

答《こた》え 0 時《じ》から 12 時《じ》まで

❷ 午前《ごぜん》と　午後《ごご》は　何時間《なんじかん》ずつ　ありますか。

答《こた》え 12 時間《じかん》ずつ

255ページ

コメント

「正午（昼の12時）」を基準にして「午前（12時間）」「午後（12時間）」に分かれています。このように、言葉の由来から記憶を定着させるのも手です。

解説

図を見ると、1日（24時間）のうち、昼の12時（＝午前12時）を基準にして「午前（12時間）」「午後（12時間）」に分かれている。

1. 午前は、午前0時から午前12時までの12時間。　→0時から12時まで

2. 図から、それぞれ午前は12時間、午後は12時間あることがわかる。

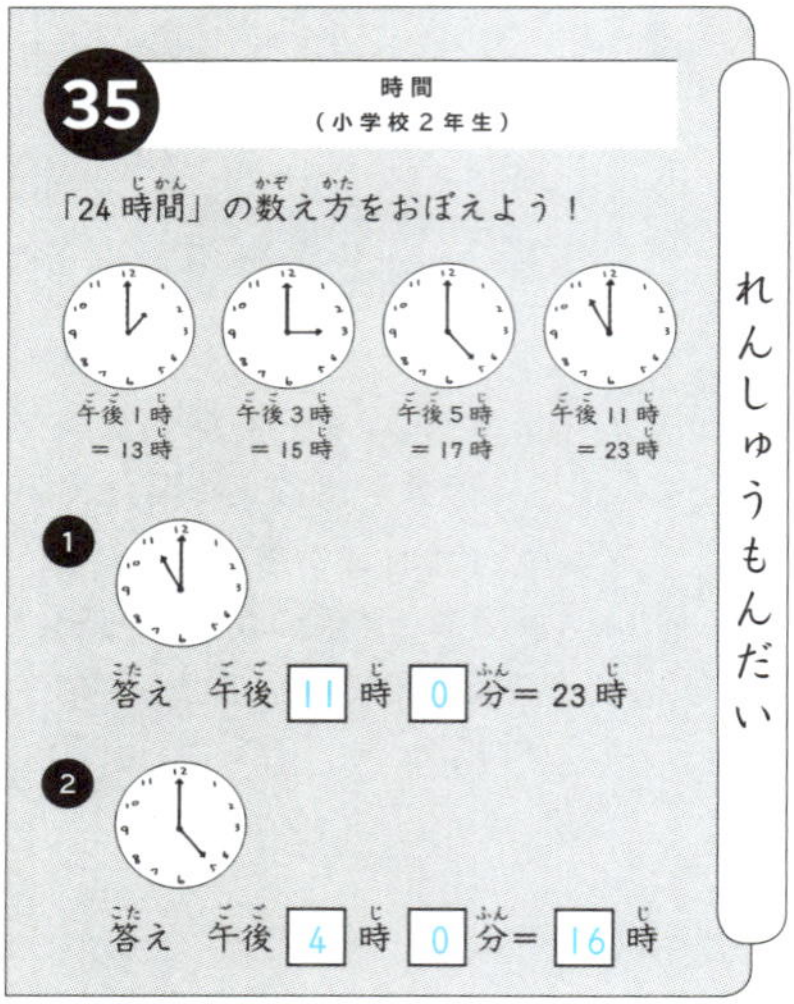
35 時間
（小学校２年生）

「24 時間《じかん》」の数《かぞ》え方《かた》をおぼえよう！

午後《ごご》１時《じ》 ＝13時《じ》　午後《ごご》３時《じ》 ＝15時《じ》　午後《ごご》５時《じ》 ＝17時《じ》　午後《ごご》11時《じ》 ＝23時《じ》

❶ 答《こた》え　午後《ごご》 11 時《じ》 0 分《ふん》＝ 23 時《じ》

❷ 答《こた》え　午後《ごご》 4 時《じ》 0 分《ふん》＝ 16 時《じ》

れんしゅうもんだい

256ページ

コメント

デジタル時計やスマートフォンの時刻は24時間で表示されていることも多いですね。生活の中でクイズを出してあげるなど、習得方法も工夫できそうです。

解説

「24時間」の数え方をするとき、午後の時間には「12時間足す」！

1 午後11時0分：11時０分＋12時間＝23時

2 午後4時0分：　４時０分＋12時間＝16時

36 時間（小学校2年生）

❶ 午前《ごぜん》9時《じ》30分《ふん》に　家《いえ》を出《で》て、5時間後《じかんご》に　ゆうえんちに着《つ》きました。着《つ》いた時《じ》こくは　何時何分《なんじなんふん》ですか。

答《こた》え　午後《ごご》 [2] 時《じ》 [30] 分《ふん》

❷ 午前《ごぜん》12時《じ》00分《ふん》に　家《いえ》を出《で》てから　70分後《ふんご》に　うみに着《つ》きました。うみに着《つ》いたのは　何時何分《なんじなんふん》ですか。

答《こた》え　午後《ごご》 [1] 時《じ》 [10] 分《ふん》

❸ 家《いえ》から　えきまで　90分《ふん》かかります。午後《ごご》11時《じ》30分《ふん》に　えきに着《つ》くには家《いえ》を　何時何分《なんじなんふん》に　出《で》ればいいですか。

答《こた》え　午後《ごご》 [10] 時《じ》 [00] 分《ふん》

257ページ

コメント

「時刻や時間の言い換え」を駆使することで一見複雑になっています。落ち着いて単位を揃え、足し引きどちらの計算をすべきなのかを判断しましょう。

解説

○時間後、○分後の問題は足し算、○時間前、○分前の問題は引き算

1 午前９時30分＋５時間＝14時30分

「14時」は24時間の数え方。
午前、午後に分ける時は14時－12時間＝午後2時
答えは、午後2時30分

2 「70分後」＝「1時間10分後」だから、
午前12時00分＋1時間10分＝13時10分

13時－12時間＝午後1時
答えは、午後1時10分

3 「90分前」＝「1時間30分前」だから、
午後11時30分－1時間30分＝10時00分

答えは、午後10時00分

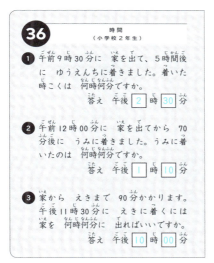

258ページ

37

時計
（小学校３年生）

れんしゅうもんだい

下《した》の図《ず》を見《み》ながら　問題《もんだい》に　答《こた》えましょう。

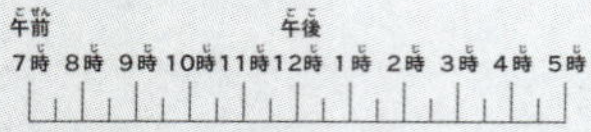

❶ 午前《ごぜん》 11 時《じ》から　午後《ごご》 1 時《じ》までは何《なん》時間《じかん》ですか。　答《こた》え 2 時間《じかん》

❷ 午前《ごぜん》 9 時《じ》から　午後《ごご》 2 時《じ》までは何《なん》時間《じかん》ですか。　答《こた》え 5 時間《じかん》

❸ 午前《ごぜん》 11 時《じ》から　午後《ごご》 5 時《じ》までは何《なん》時間《じかん》ですか。　答《こた》え 6 時間《じかん》

❹ 午前《ごぜん》 8 時《じ》から　午後《ごご》 4 時《じ》までは何《なん》時間《じかん》ですか。　答《こた》え 8 時間《じかん》

コメント

目盛りを正しく読むことも重要ですが、時間配分にシビアな中学受験を目指すのであれば、時間の計算は暗算でできるようになっておくのが得策です。

解説

上の図の長い１目盛りが１時間！

1. 午前11時から午後１時まで２目盛り
   ➡ ２時間

2. 午前９時から午後２時まで５目盛り
   ➡ ５時間

3. 午前11時から午後５時まで６目盛り
   ➡ ６時間

4. 午前８時から午後４時まで８目盛り
   ➡ ８時間

3
文章題の真実
「苦手なのは、文章理解」というのは実は大ウソ！

文章題こそ、全般的な「考える力」の土台になる

小学校の算数において、「文章題」は1つの難関です。統計的な調査でも文章題は子どもの苦手のワースト4ですし、算数が得意な子からも、「文章題は嫌い」という声を聞きます。

しかし、文章題は入試（中学受験だけでなく、高校や大学も含む）を考えた場合も配点が大きいうえ、これからは「思考力」重視になるともいわれていますから、無視できません。

入試に限らず、子どもたちのこれからを考えた場合にも、「文章題」を解く力をつけていく必要があるでしょう。それは、文章題を通して得ることができる力こそ、**論**

理的に考えたり、周囲の人とコミュニケーションをとったり、物事を計画的に進めたりするうえで、不可欠だからです。

そして、その力は、「速く、たくさんの問題を解く」という計算力重視の学習法では身につかないと感じています。

そこで、本章では、文章題に焦点を当てて、多くの親御さんが持ちがちな算数の勘違いと、文章題の克服方法についてお話ししていきたいと思います。

なぜ、計算問題は解けるのに、文章題になると解けないのか？

算数の問題を解くプロセスをひもといてみると、

1　問題を読んで理解する
2　式を立てる
3　解く

という3つのステップに分かれます。少し視点を引いてとらえて見ると、次のように言い換えることができます。

1　現状を把握する
2　方法を考える
3　解決する

このステップはまさに、日常生活に起こる「問題解決」などと同じです。だから算数に熱心に取り組むことが、考える力そのものを育てることにつながるわけです。

一方、**計算力重視の勉強法は、「3」のステップだけをくり返しトレーニングする、**ということになります。機械的に手を動かすことはできても、「1」「2」のステップを踏めなければ、社会においてはあまり役に立つ能力とはいえません。**「指示されたことだけをやる」ということになりがち**なのです。

量をこなせばこなすほど、算数が苦手になる!?　計算練習の不思議

日本において、算数の勉強の主流は「速く、たくさんの計算問題を解く」というものです。それだけを目的にした学習塾は全国に展開され、人気を誇っていますし、計算ドリルも人気です。

多くの親御さんが、**「計算力＝算数力」という勘違い**をして、子どもの計算力ばかりを伸ばそうとしているのです。

たとえば先日、ＲＩＳＵの教材の体験に訪れた4年生の男の子のお母さんは、

「うちの子は、すでに6年生までの内容を終わらせているので大丈夫です」

とお話しされていました。しかしその男の子は、こちらで出した3年生の問題が解

けません。それでとても驚いていました。こういった例は多いのです。

ドリルやそろばんのくり返し練習で計算力をつけると、親御さんだけでなく子ども自身も、「算数ができる」と思い込んでしまいます。しかし、実際に文章題を解こうとしても、解けない――そんな自己矛盾のようなことが起こってしまうのです。もちろん、その状態では入試は太刀打ちできません。

多くの子どもたちが引っかかりやすいのは、たとえば次のような問題です。

【問題】お皿にケーキが3つあります。山田さんは2つ食べようとしましたが、結局食べたのは1つでした。残りは何個ですか？

この問題は引っかけ問題とも言えないような構造で、正解は「2個」です。しかし、普段から、**「速く計算することがいい」と思い込んでいる**子どもたちは、問題を見るとすぐに、

3－2＝1

と計算し、「1個」と回答します。

子どもたちは、速く解いてしまいたいために、最初の数字が2つ出てきたところで、そのあとの部分を読み飛ばし、考えることなく式を立ててしまうのです。感覚的な数字ですが、**だいたい5割の子は文章題を最後まで読んでいません**（笑）。つまり、文章題が苦手な子の多くは、そもそも最後まで問題を読むことなく、まるで早押しクイズに答えるかのように、反射神経だけで答えているのです。

実際、問題を最後まで読めば、間違えることはほとんどありません。

さらに、一度間違えた文章題でも、最後まで文章を読ませるというプロセスを踏むと、解法を教えなくても解けてしまうことは珍しくありません。1回読んでダメでも、3回くらい読むと「あ、わかった」と言って答えを書き出します。

子どもたちを取り巻く「速く解く」という呪い

このようなことが日常的に起こってしまうほど、多くの子どもたちは、「速く解くことこそがよい」「人より速く解かなければいけない」と思い込まされています。

あるいは、「速く解くためには邪魔《じゃま》」「引っかけ問題ばかりでイヤ」ということで、文章題を嫌ってしまっています。

このような思い込みを外し、**問題に対して自分でちゃんと考える**こと。それこそが、**算数の力を磨くということであり、考える力を磨くことでもあります。**

ただ、子どもたちがこのように思い込んでしまっている原因は、その勉強法と、周囲の大人たちの態度にあることは言うまでもありません。

たとえば、次のようなことを通して、子どもたちは「速く解くことこそよい」と思い込まされてしまっています。

・とにかく大量の計算を、スピード勝負で取り組ませる
・勉強中に少しでも手が止まると、親御さんが気にする
・速くできたことを褒める
・計算ばかりさせる勉強法（塾や教材も含む）を与える

たしかに受験を考えれば、ある程度のスピードが必要です。しかし、大人になった今、子どもの頃に求められたようなスピードでの計算能力を日常で求められている人はどのくらいいるのでしょうか？

大抵の計算はすでにコンピューターが行なってくれますし、どんな携帯電話・スマートフォンにも電卓機能は備わっています。まして、これからAI社会になっていくといわれるなかで、スピードだけの計算能力を磨くことに、どんな意味があるのでしょうか。

それでも子どもたちの勉強に「スピード」をひたすら求めてしまうのだとしたら、それはもう「呪い」ともいえる状態だと思います。

必要なのは、単に「速く解く」ことではありません。それを忘れないでいただきたいと思います。

また、もし**文章題を間違えたとしても、子どもを責めない**でください。

「どうしてこんな簡単な問題が解けないの？」と思ってしまう気持ちはわかりますが、その責任は子どもにはありません。「よく読むことよりも、速く読むことのほうが大事」と思い込ませてしまった大人に問題があるのです。

とくに「うちの子は算数が得意」と思っている方こそ、なおさらです。

子どもが文章題でつまずくのは、こんなところ

さて、ここからは具体的な問題を例に挙げて、文章題の苦手を克服する方法を見ていきます。そして、「とにかく速く」という子どもにかけられた呪いも一緒に解いていくことにしましょう。

1年生から2年生の間では、前述のような「3つの数」が出てくる文章題を学習します。ここで求められるのが「式をつくる力」です。その後の総合力に直結する要素なので、ここではじっくりと時間をかけて見ていくことにしましょう。

目的は、答えを速く出すのではなく、まずは**しっかり文章を読んで、式を立てる**こと。実際にお子さんに取り組ませる場合にも、それだけは注意しておいてください。

ワースト4 考えないと式がつくれない文章題

（小学校1年〜3年生）

危険度

ポイント

●最初に出て来た数字で式をつくってしまうことを避ける。

× 3＋2＝5

●1つずつ、数字をチェックして、式にしていく。

○ 3＋2＋2＝

●足し算、引き算の場合、左から計算していくようにする。

3＋2＋2＝

5＋2＝7

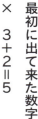

38

文章題
（小学校１年生）

ボールの　かずは　なんこに　なりましたか。

□に　あてはまる　かずを　かきましょう。

ボールが
３こあります

２こ
ふえました

さらに　２こ
ふえました

しき　３＋□＋□＝□（こ）

れんしゅうもんだい

答えと解説は287ページ

文章題の苦手を克服する3つの秘訣

1　スピード競争をさせない。速く解けたことを褒めすぎない

一番大切なのは、普段の親の態度です。速く解くことに価値を置かないようにしてください。

速く解けたら褒める、といったことをくり返していると、子どもは「速い＝善」と考えるようになります。

そうなると、とりあえず問題に出てきた数字を拾って式をつくり、間違えたら違う数字を拾って式をつくる……ということをくり返すようになってしまうでしょう。

2　問題を「音読」させてみよう

一番効果があるのは、音読です。声に出して問題を音読させてみます。それでほとんどの子は文章題が解けるようになります。

1回でダメなら、2回、3回と音読させます。簡単で効果のある方法ですから、ぜひ試してください。

3　式を立てる練習をする

計算が得意な子なら、式を立てる練習だけをしてもいいでしょう。文章題の目的は計算をすることではないからです。「計算はしない」と伝えることで意識を式を立てることに集中することができます。

39 文章題（小学校１年生）

たしざんを　しましょう。

1 あかい　えんぴつが　４ほん　あります。あおい　えんぴつが　１ぽん　あります。ぜんぶで　なんほん　ありますか。　こたえ □ ほん

2 こどもが　３にん　います。ふたり　ふえると　なんにんに　なりますか。　こたえ □ にん

3 すずめが　４わ　います。３わ　とんでくると、なんわに　なりますか。　こたえ □ わ

答えと解説は288ページ

40 文章題
（小学校１年生）

３つのかずの　けいさんを　しましょう。

1. 6 − 4 + 7 = □
2. 17 − 7 + 7 = □
3. 12 − 2 + 5 = □
4. 5 + 4 − 1 = □
5. メロンが　２こ　あります。いちごは　８こ　あります。
みかんは　４こ　あります。ぜんぶ　あわせて　いくつでしょう。
こたえ □ こ
6. はこの　なかに　ボールが　15こ　はいっています。
きのう　５こ　とりだして、きょう　２こ　たしました。いま　なんこ　でしょう。
こたえ □ こ

答えと解説は289ページ

41 文章題
（小学校１年生）

いろいろな　けいさんを　しましょう。

1 14－4＋8＝□

2 10－2－2－2＝□

3 おにぎりを　12こ　つくりました。2こ　たべた　あと、3こ　また　つくりました。いま　なんこでしょう？　こたえ□こ

4 コロッケが4こ　あります。3こ　つくったので、さいしょに　あった　コロッケを　ぜんぶたべました。のこりは　なんこですか？　こたえ□こ

答えと解説は290ページ

42 文章題
（小学校２年生）

かけ算《ざん》を　しましょう。

❶ １こ　８円《えん》の　あめを　７こ　買《か》うと
いくらに　なりますか。

答《こた》え □ 円《えん》

❷ １つの　花《か》びんに　７本《ほん》ずつ　花《はな》を入《い》れます。花《か》びんが９つ　あるとき　花《はな》は　何本《なんぼん》　ありますか。　答《こた》え □ 本《ほん》

❸ １チーム９人《にん》の　やきゅうチームが８チーム　あります。みんなで　何人《なんにん》いますか。

答《こた》え □ 人《にん》

答えと解説は291ページ

43 文章題（小学校２年生）

れんしゅうもんだい

ひき算《ざん》を　しましょう。

1 お母《かあ》さんに　185円《えん》をわたされて、79円《えん》の　ぶどうを　買《か》うように　たのまれました。　いくら　のこるよていですか。

$$\begin{array}{r} \square \\ - \ \square \\ \hline \square \end{array}$$

答《こた》え □ 円《えん》

2 1でぶどうを買《か》ったあとに、58円《えん》のあめを買《か》いました。いくら　のこりましたか。

$$\begin{array}{r} \square \\ - \ \square \\ \hline \square \end{array}$$

答《こた》え □ 円《えん》

答えと解説は292ページ

文章題を解く能力は、将来の仕事でも役に立つ

小学生のうちに文章題でつまずくのは、私はいいことだと思っています。

なぜなら、それをきっかけとして、**文章をしっかり読む、そのなかで大切な数字やキーワードを見つける、という基礎を身につけることができる**ようになるからです。

飛ばし読みの癖をなくすことは、その後の大きなプラスとなるでしょう。

これは、その他の科目の受験問題にも当てはまります。最近の中学入試では、問題文の長いものが非常に多く出題されます。

その長い文章のなかから必要な要素を探し出して回答しなければなりません。基礎的な文章題をしっかり解くことは、算数だけでなく他の科目の問題を解く助けにもなります。

もちろん大人になってからも、このような能力は役に立ちます。たとえば資料づくりであれば、多くの情報から必要な要素を選び出すことが必要となりますし、議事録のまとめでは交わされる議論や会話の中から記録すべきことを拾うことが必要です。なんとなく読む、なんとなく聞くという態度では、このような仕事は務まりません。

将来にわたって必要となるこれらの能力を身につける第一歩として、文章題を捉えると、その見え方が変わってくるかもしれません。

答えと解説

れんしゅうもんだい

38 文章題
（小学校1年生）

ボールの　かずは　なんこに　なりましたか。

□に　あてはまる　かずを　かきましょう。

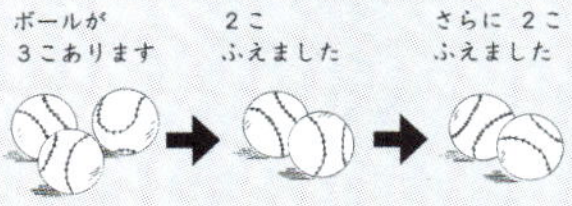

しき　3＋［2］＋［2］＝［7］（こ）

277ページ

コメント

問題文の数字を1つずつチェックしながら式をつくりましょう。計算の順番を覚えておくことで、今後登場する足し引き混合の計算も、スムーズに解くことができます。

解説

まずは問題文をよく読んで式をつくる。

・ボールが３個ある
3
⬇
・２個増えた
3＋2
⬇
・さらに2個増えた
3＋2＋2

左から順番に計算していく

3＋2＋2＝
⬇
5　＋2＝7

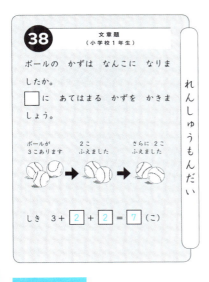

280ページ

れんしゅうもんだい

39 文章題
（小学校１年生）

たしざんを　しましょう。

❶ あかい　えんぴつが　４ほん　あります。あおい　えんぴつが　１ぽん　あります。ぜんぶで　なんほん　ありますか。
こたえ　5　ほん

❷ こどもが　３にん　います。ふたり　ふえると　なんにんに　なりますか。
こたえ　5　にん

❸ すずめが　４わ　います。３わ　とんでくると、なんわに　なりますか。
こたえ　7　わ

コメント

式で書けばシンプルな部分が、文章題では様々な表現に書き換えられています。くり返し問題文を読み、「増えて」いるのか「減って」いるのかを確かめましょう。

解説

文章が長くなっても、正しく読み取って式を立てられれば大丈夫！

1 全部で何本、なので「あか」「あお」など色は区別しない。

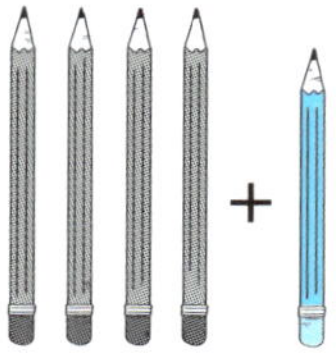

= 4+1=5

2 「ふたり増える」＝「＋２人」だから、
３人＋２人＝５人

3 「３わとんでくる」＝「＋３わ」だから、
４わ＋３わ＝７わ

40 文章題
（小学校１年生）

３つのかずの　けいさんを　しましょう。

❶ 6－4＋7＝9　❷ 17－7＋7＝17

❸ 12－2＋5＝15　❹ 5＋4－1＝8

❺ メロンが　２こ　あります。いちごは　８こ　あります。
みかんは　４こ　あります。ぜんぶ　あわせて　いくつでしょう。

こたえ 14 こ

❻ はこの　なかに　ボールが　15こ　はいっています。
きのう　５こ　とりだして、きょう　２こ　たしました。いま　なんこ　でしょう。

こたえ 12 こ

281ページ

コメント

足し引きが組み合わせられた３つの数の計算では、「左側から順番に計算すること」が鉄則です。問題文の読み違いといったケアレスミスにも気をつけたいですね。

解説

3つの数を計算するときは、2回に分ける！

❶ 6－4＋7
↓
2　＋7＝9

❷ 17－7＋7
↓
10　＋7＝17

❸ 12－2＋5
↓
10　＋5＝15

❹ 5＋4－1
↓
9　－1＝8

文章題は「何を求めるか」に注目する！

❺「全部合わせていくつか」を求める！

「何個あるか」だけに注目する！

メロン2個　いちご8個　みかん4個
2個＋　8個＋　4個＝14個

❻ 順番に考えて式を立てる！

15－5＋2
↓
10　＋2＝12

式を立てたら、左から順に解く！

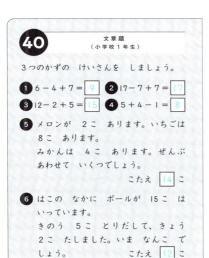

41 文章題
（小学校１年生）

れんしゅうもんだい

いろいろな　けいさんを　しましょう。

❶ 14－4＋8＝[18]

❷ 10－2－2－2＝[4]

❸ おにぎりを　12こ　つくりました。２こ　たべた　あと、３こ　また　つくりました。いま　なんこでしょう？　こたえ [13] こ

❹ コロッケが４こ　あります。３こ　つくったので、さいしょに　あった　コロッケを　ぜんぶたべました。のこりは　なんこですか？　こたえ [3] こ

282ページ

コメント

足し引き混合の計算では、計算の順番を間違えると正解にたどり着けません。式を立てられたら、落ち着いて左側から計算していきます。

解説

3つの数を計算するときは、
左から順に解く！

❶ 14－4＋8＝
⬇
10　＋8＝18

❷ 10－2－2－2＝
⬇
8　－2－2＝
⬇
6　－2＝4

文章題は順に考えて式を立てる！

❸
・12個つくった
12
⬇
・2個食べた
12－2
⬇
・また3個つくった
12－2＋3

左から順に計算する
12－2＋3＝
⬇
10　＋3＝13(個)

❹
・4個ある
4
⬇
・3個つくった
4＋3
⬇
・最初にあった4個を
全部食べた
4＋3－4

左から順に計算する
4＋3－4＝
⬇
7　－4＝3(個)

42 文章題
（小学校2年生）

かけ算《ざん》を　しましょう。

❶ 1こ　8円《えん》の　あめを　7こ　買《か》うと　いくらに　なりますか。

答《こた》え 56 円《えん》

❷ 1つの　花《か》びんに　7本《ほん》ずつ　花《はな》を入《い》れます。花《か》びんが9つ　あるとき　花《はな》は　何本《なんぼん》　ありますか。　答《こた》え 63 本《ほん》

❸ 1チーム9人《にん》の　やきゅうチームが8チーム　あります。みんなで　何人《なんにん》いますか。　答《こた》え 72 人《にん》

283ページ

コメント

かけ算の文章題で式が立てづらいときは、問題文を図にしてみましょう。
①の場合、⑧を7個書けば、「⑧が7つ、かけ算の式だ！」とひらめきやすくなります。

解説

かけ算の文章題
・まず式を立てる！
・九九にあてはめて考える！

① 8×7＝
「はちしち　ごじゅうろく」だから
8×7＝56　56円

② 7×9＝
「しちく　ろくじゅうさん」だから
7×9＝63　63本

③ 9×8＝
「くは　しちじゅうに」だから
9×8＝72　72人

43 文章題
（小学校２年生）

ひき算《ざん》を　しましょう。

❶ お母《かあ》さんに　185円《えん》をわたされて、79円《えん》の　ぶどうを　買《か》うようにたのまれました。　いくら　のこるよていですか。

185
− 79
106

答《こた》え 106 円《えん》

❷ ❶でぶどうを買《か》ったあとに、58円《えん》のあめを買《か》いました。いくら　のこりましたか。

106
− 58
48

答《こた》え 48 円《えん》

れんしゅうもんだい

284ページ

コメント

時間軸も大切な検討要素です。今回は、どちらも「買い物をしてお金が減ったあと」の残りを聞いています。

解説

文章題
・「何を求めるか」に注目する！
・順番に考える！

❶ 買い物のあと、いくら残るかを求める
185円わたされた→79円のぶどうを買うようにたのまれた
185円持っている→79円減る
185 − 79 = 106

❷ 106円残っている→58円のあめを買った
106円持っている→58円減る
106 − 58 = 48

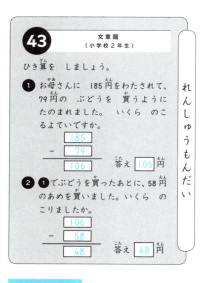

4

シリコンバレーでも採用！
理系を自由に選択できる子どもに育てるために

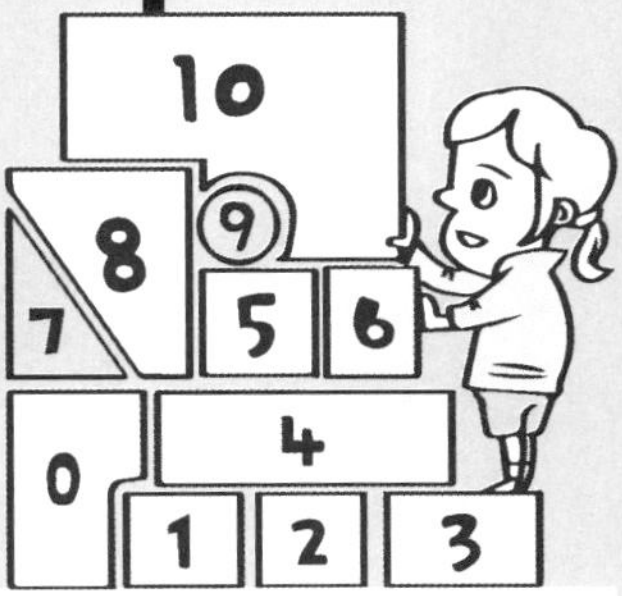

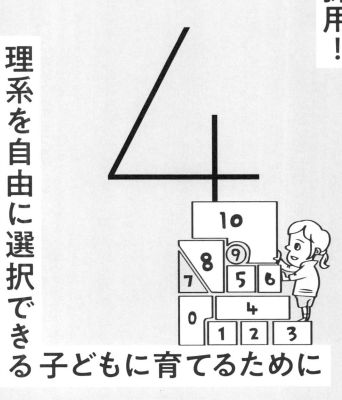

日本の算数・数学のレベルは高い

ＲＩＳＵはアメリカのシリコンバレーにある公立の小学校や、アフタースクール（日本でいう学童のようなところ）を中心に、30校ほどで展開しています。算数教育で参入していったのですが、思いのほか「プログラミングやクリティカルシンキング（批判的思考）を教えてくれ」という要望が大きく、現在はそれらの教育事業が成長の中心になっています。

クリティカルシンキングに関しては、日本の中学受験の簡単な問題をアレンジして使っています。これがものすごくウケている（笑）。全体のレベルはあまり高くはないので、難しい問題は使えません。

シリコンバレーの親は、「将来の仕事に直結する知識を早いうちに」という意識が強く、最近ではＡＩという要望まで出てきています。

しかし、これはアメリカ全土というわけではなく、一部の現象です。**アメリカと比べても日本の子どもたちの数学（算数）のレベルは平均的に高い**と私は考えています。

たとえばアメリカは突出した子どもがいる代わりに、平均値は低いのです。５年生で指を使って足し算をしている、という子がけっこう多くいたりします。親もそれを気にしていないなど、教育格差も感じます。

日本は公立・私立にかかわらず算数・数学の学習レベルは高いので、**日本でしっかり学校の勉強をしていれば、世界で通用する数学力の基礎は十分身につけることができます。**日本では海外の優秀な人ばかり取り上げて、「日本は世界で通用しない」というネガティブなメッセージを流しがちですが、そんなに悪い国ではありません。

安全で、勉強できる環境がある。

学力もそこそこ高いレベルでつけられる。

ですから、親御さんはもう少し楽観的に構えて、目の前の勉強がしっかり身になるようにサポートをしていただければと思います。

一度、日本の学習レベルで算数や数学の能力を身につけることができれば、世界中の人たちが一生懸命、あとからその能力をつけようとしても、なかなか追いつけない。それが算数や数学の性質です。

だから本書では、スタートダッシュで失敗しないための算数の学習法をお伝えしてきた、というのは、すでにご理解いただいていることと思います。

総じてレベルの高い日本の算数・数学の教育。**学校の勉強にしっかりついていければ、かなりの実力がつく**ことになるのです。

エンジニアになれば将来は困らない、という国の方針は無視できない

「理系が得意」ということは、漠然と思考力や生産性に関わるだけでなく、**子どもの将来**にもダイレクトに関わってきます。

これまで日本においては、エンジニアの待遇は悪いといわれてきました。しかし、それが劇的に変わりつつあります。

それは、大幅な人材不足のためです。経済産業省は「ＩＴ企業、およびユーザ企業の情報システム部門に所属する人材」を「ＩＴ人材」とし、その人材不足についての予測を発表しています。

２０１５年の時点で、ＩＴ人材不足はすでに17万人。現在の中学生の子どもたちが働き出す2030年には、穏やかに見積もっても41万人、厳しく見積もると79万人のIT人材の不足が見込まれています。つまり、**ITの知識を身につけておければ、将来職に困ることはない、**ということです。

特にAI（人工知能）系のエンジニアは不足しており、年収もどんどん上がっています。AI系のエンジニアには統計学の知識が不可欠ですから、ベースになる勉強はやはり、算数・数学になります。

また、データ解析ができる人材も引く手あまたです。ビッグデータという言葉が一般的になったように、企業側はあらゆる機会を通じて私達の生活のデータを収集しています。たとえば位置情報も、買い物履歴も、閲覧履歴も、毎日の体重も、あらゆるデータがスマートフォンやアプリを通じて企業側に集められています。

しかし、その大量のデータを利用できているかというと、実はまだ道半ばといったところなのです。

このようなビッグデータから必要なものだけを抽出し、解析し、分析する人材が必

IT人材の不足規模に関する予測

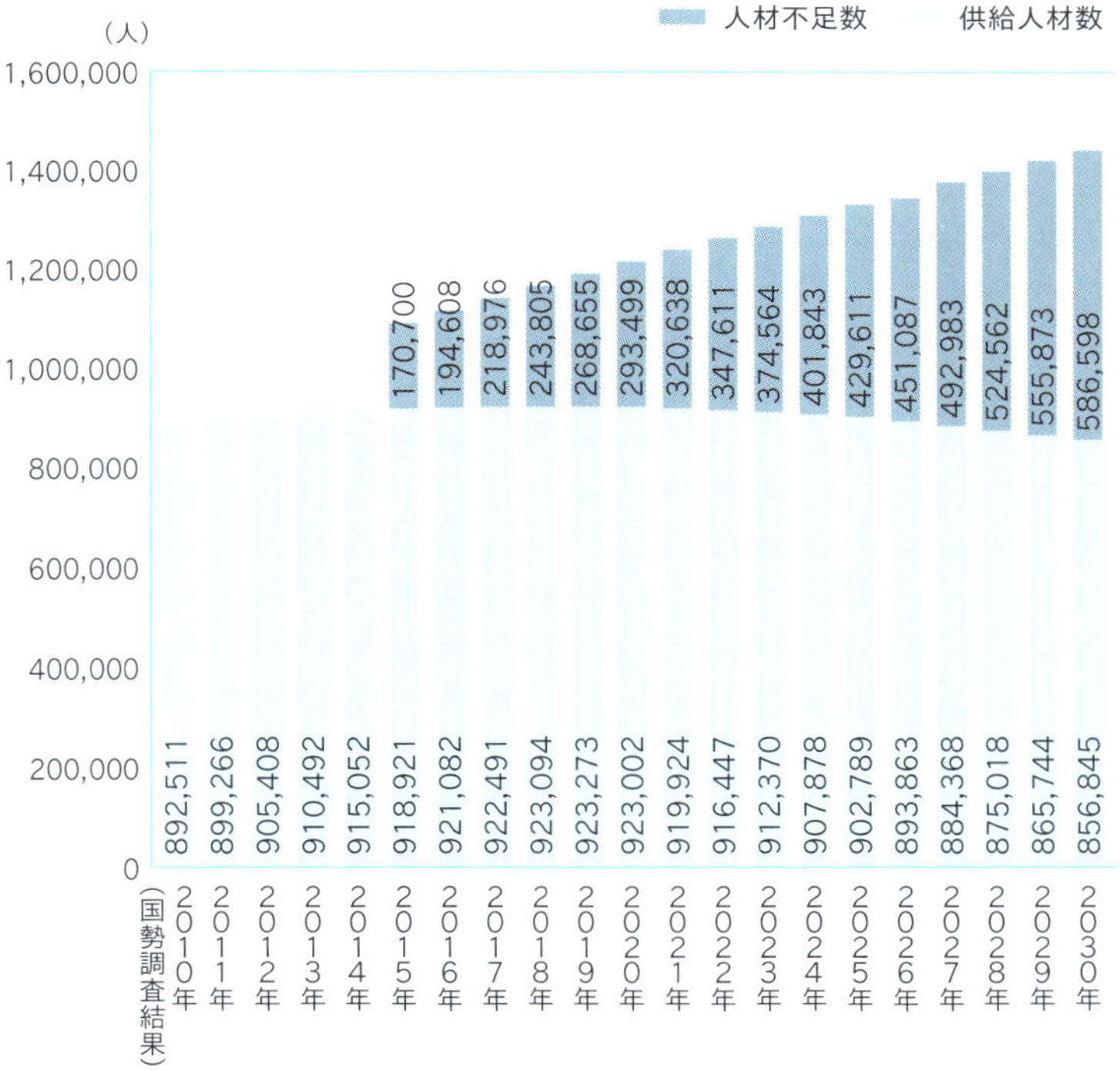

■2015年　約17万人人材不足

■2030年　約59万人人材不足（中位シナリオ）

※IT人材の最新動向と将来推計に関する調査結果（経済産業省）より作成

要なだけでなく、そのためのインフラストラクチャーの整備やプログラミングができる人も必要です。なぜなら、もう普通のエクセルでさばける量のデータではないからです。

実際に、データ解析を専門で行なうコンサルティング会社の業績が伸びています。たとえばインドにあるMu Sigma《ミュシグマ》という会社は、およそ12時間というアメリカとの時差を生かして、マイクロソフトを含めたアメリカのトップ企業のデータ分析を引き受けています。アメリカの企業が仕事終わりにインドに投げたデータを、インドのデータサイエンティスト（高度なデータ分析技術を行なう専門家）が分析をして、翌日のアメリカの仕事の始まりに間に合うように送り返す、ということができるからです。Mu Sigmaは、ここ5年の間に数千人の数学者を抱えて世界中のデータを分析しています。その顧客の中の１５０社は、世界の有力企業を示す「フォーチュン５００」の企業です。企業の社是は“Do the Math”、とにかく「算数やるよ」という、非常にシンプルなメッセージです。

どんな分野でも……ＩＴと無縁ではいられない社会へ

横浜ＤｅＮＡベイスターズ、福岡ソフトバンクホークス、東北楽天ゴールデンイーグルス……野球の球団名を見ると、12球団中3球団がＩＴ企業です。

２０１９年の夏には、メルカリが鹿島アントラーズの買収を発表しました。こんなところからも、ＩＴが間違いなく成長産業だということがわかります。

また、現在の日本は少子高齢化と人口減少が進行しており、それを支える技術としてのＩＴ、そしてロボット産業への期待は高まるばかりです。

たとえば成長産業の一つ、**介護**分野においても、今後のＩＴ化に注目が集まっています。高齢化に伴う人材不足の解消のためという以外にも理由があるのですが、それは、「(ロボットには、人に対するような)気を使わなくていい」という心理的負担の解消です。ある調査では、心理的負担を主な理由に、回答者の8割以上が介護ロボットに肯定的だった、という結果も出ています(オリックス・リビング株式会社調べ)。

介護産業の成長は著しく、2025年までに15兆円規模に拡大するという見込みもあります。**今後、IT人材へのニーズはますます増していく**でしょう。

また、最近増えている無人レジ化が進めば、無人コンビニも登場するでしょう。そうなれば、無人の店舗を守るための技術が求められることになります。また、決済も現金から電子マネーが主流になれば、ブロックチェーンやそれに関連する専門知識が今後、役に立つはずです。

ロボット産業そのものも、2035年頃には10兆円規模の産業に拡大しているという試算もあります。これからの未来を生きていく子どもたちは、もしかすると**ITと関わらずに仕事をするほうが難しくなる**かもしれません。

文系・理系の垣根はもうすぐなくなる

「そういわれても、うちの子は算数が本当に苦手で、とてもエンジニアにも、理系職にも向いていない」

という方ももちろんいるでしょう。なにも、誰もがエンジニアになる必要はありません。しかし、理系職の考え方の基本を知っておくだけでも、将来、生産性の高い業務につける可能性が高いのです。

実際のところ、会社にエンジニアばかりいても、仕事は進みません。**エンジニアにどのような仕事を依頼し、どのような成果をあげるか。それができるマネジャーとしての人材**も同時に必要です。高度なプログラミングやデータ解析が自分でできなくても、「エンジニアやサイエンティストが何をしているか、何ができるか、何ができないかがわかる」ということは、非常に重要です。

優秀なエンジニアがいても、それを使いこなせる人材がいなければ、宝の持ち腐れです。文系、理系にかかわらず、これからさらに求められるのが**「エンジニアやサイエンティストと対等に会話ができる人材」**なのです。

文系・理系にとらわれず、**これからさらに伸びていく分野に早いうちから触れておくこと、そして苦手意識なく向き合えることは、プラスにこそなれマイナスになることはありません。**

「うちの子は文系だから」と早々に道を狭めるのではなく、算数や数学、その先のAI、プログラミング、科学技術などに触れる機会をつくってあげてください。

論理思考が身につく

算数というのは、その裏にある論理的思考とセットになっているものです。論理的思考とは、**物事を一つひとつ順序立ててわかりやすく説明できるような考え方**のことをいいます。直感や感情と対立する考え方です。

たとえば志望校を決めるとしましょう。その際に、

「この学校が気に入った！」

「なんとなく、好き！」

など、直感で決める人もいます。一方で、

「偏差値、家からの距離、学費などを考えると、この学校がいい」

「将来、宇宙飛行士になりたいから、そこにつながる学校にしよう」

など、論理的に考えて決める人もいます。

自分の将来を考える上で、直感と論理的思考とでどちらがより優れているか、ということは一概にはいえません。ただ、周囲を説得したいときや、後々、

「なんでこういう選択をしたんだろう？」

と振り返ったときには、論理的思考を経ているかどうかがとても大きな意味を持ってきます。**理由がしっかりしているほうが、多くの人は納得しやすい**ものなのです。

このような論理的思考を身につけるのに役立つのが、算数・数学の勉強です。

式を立てるには、一つひとつを分析し、検討して、それらを組み合わせることが必要です。「なんとなく」で立てた式では、正しい答えは導かれません。分析的に物事を捉え、それを適切に使って式を立てる能力によって、後の論理的思考の土台がつくられていくのです。

しかし、小・中学校の学習において、論理的な思考を勉強できる科目は、意外に少ないのが現実です。算数や数学と、国語・社会・理科の一部、といったところではないでしょうか。

算数・数学では、文章を式にして落とし込むというトレーニングがくり返し行なわれます。これこそ、まさに論理的思考の訓練に他なりません。

全般的な学校の成績がよくなる

論理的思考ができるようになると、算数に限らず学校の成績はよくなっていきます。

たとえば、何かの問題で誤答をしてしまったときに、「どうして間違えたのか」「どうすれば、次回はできるのか」「その問題をクリアするために必要な知識は何か」などと的確に考えるのも、論理的思考力があってこそです。この力の効力が、算数や数学に留まらず、全科目、ひいては生活全般をよくしていくことに及ぶ、というのはいうまでもありません。

論理的思考というのは、あらゆる場面で子どもたちを将来にわたって支えてくれます。それは、何かを選択するときであったり、計画を立てるときであったり、提案をするときであったりと、様々です。

「算数って、何のために勉強するの？」と聞かれたら

算数は一見すると、ただ問題を解く力をつけるための教科に思えるかもしれませんが、**もっと先を見据えているといっても過言ではありません。**

算数によって身につけられる力は、今後、どんなにＩＴやコンピューターが進歩しても、人間がそれを有効に活用し、人生を充実させていくためには持っておかなければいけない能力なのです。もし、

「算数って何のために勉強しなきゃいけないの」

「意味ないじゃん」

と言うお子さんがいたら、

「算数はね、自分でちゃんと考える方法を身につけるための基礎なんだよ」

と教えてあげてください。一見、人生において必要がないように思える算数・数学の基礎的な学習こそ、論理的思考を育む土壌なのです。

親が文系だから、子どもも文系、というわけではない

これまでにも何度かお話ししてきましたが、**親が文系だからといって、それが子どもの理系進学を妨げる要素にはなりません。**

「私が算数が苦手だったから、この子も苦手」と考えるのは、子どもの可能性をはなから放棄してしまうことになります。もったいないことです。

もちろん、能力というのはある程度、遺伝の影響を受けます。しかしそれは理系への進学を阻むほど強力なものではありません。どちらかというと、

「ママと同じであなたも算数が苦手なのね」

などと口に出して言うことのほうが、遺伝の要素よりもずっと大きいと思います。

このような考え方は、子どもに伝染し、やる気を失わせてしまいます。親のネガティブな考え方が子どもに悪い影響を与えてしまうのです。

もちろん、どんな子でも頑張れば算数オリンピックで活躍できる、というわけではありません。しかし、学校の算数の範囲内においてであれば、どの子であっても理解することができるものです。ですから親御さんは、ちょっとしたつまずきを取り上げて、

「この子は算数ができない」

と考えるのではなく、もう少し長い目で見てもらいたいと思います。

「謙遜で子どもを下げる」のは絶対NG

これもくり返しになりますが、**謙遜には本当に注意してください。**謙遜というのは非常に高度なコミュニケーションの方法で、なかなか子どもには理解しがたいものです。ですから、親御さんが周囲に向かって、

「うちの子は本当にバカで」

「算数が全然できなくて」

などと言うのは、絶対NGです。子どもはそれを文字通り、そのまま受け取ってしまいます。


ママたちに言わせれば、とくに男の子についての「うちの子はバカで」というのは、鉄板のトークらしく、その内容自体に深い意味はないということですが、それを耳にした息子さんは結構ショックを受けている場合があります。

逆に、算数ができるという確信がないとしても、**いいところを見つけて褒めることはプラスになります。**


「数字に強いね」

「計算が得意だね」

「図形はなんでもできちゃうね」

など、どんどん伝えていきましょう。子どもは素直ですから「自分は算数が得意なんだ」と思うようになり、前向きに勉強に取り組むようになります。

理系・文系の年収格差、イメージ格差

理系のメリット① 年収

統計を見ると、確かに**理系と文系で年収の格差**があります。

冒頭でも紹介しましたが、日本国内の2011年の統計では、文系出身者の男性の平均年収が559・02万円（平均年齢46・09歳）、理系出身者の男性の平均年収が600・99万円（平均年齢46・19歳）でした。単純に比較すると、理系出身であるだけで約40万円、年収が高い計算です。

アメリカではさらにその差は顕著で、1年で平均8000ドル、文系と理系の年収格差がある、というのは前述の通りです。

生涯年収の差に換算すると、恐ろしい差になることがおわかりいただけるでしょう。

理系のメリット②　職業選択の幅

文系職は幅広いとはいっても、現代日本の求人は、理系職のほうが多く見られます。プログラマーなどはつねに不足していますし、不足しているということは、年収を上げるチャンスも多いということにつながります。あるいは、研究職・開発職というのは、多くの場合、理系の人達で構成されています。

いずれも文系の人には絶対なれない、ということではありませんが、**理系の人のほうが引く手あまたである**という現実は見ておいたほうがよいと思います。

また、就活の時に「差を感じた」という声が出てくるのが、**女性**です。理系女子、いわゆる「リケジョ」の人気は高く、多くの企業が優秀な理系女性を求めています。

とくにリケジョが活躍しているのが、食品開発、化粧品などの化学製品の開発分野です。

女性は、味覚や嗅覚《きゅうかく》に対して非常に敏感です。シャンプーや石鹸《せっけん》の香りの違いなどの微妙な差異をつくり出すことは、実は男性にとっては非常に難しいことなのです。男性にはそのような繊細さがない人が多いため（私もその一人ですが）、このような微妙な差異が勝負となる開発分野では、多くのリケジョが活躍していますし、つねに新たな人材が求められています。

洗剤やシャンプー、化粧品などを手がけるP＆Gは、非常に女性を大切にする会社です。オムツなどの開発をしていることから、社内では母親であることがプラスと捉えられる風土があるといいます。

聞いた話によると、あるチームがアメリカの本社から日本へ出張に来た際も、その中の女性マネジャーの体調が悪くなった際、「彼女の体調が最優先だから」とトンボ帰りさせたこともあったそうです。化学製品の企業ならではといったところでしょう。

理系のメリット③ 人生設計の自由度

リケジョは出産後、元の職場に戻りやすいというのもよく聞く話です。

文系の職の多くは、その人が抜けても、別の人がその穴を比較的簡単に埋めることができます。代わりがきくのです。

しかし、理系の研究職ではそうもいかない場合が多い。研究というのは長いスパンで行なわれるため、1人の研究者が一時期なら問題なく抜けられたとしても、10年単位で見るとその人にいてもらわないと困る、ということが往々にして起こります。ですから、「産休・育休後は戻ってきてね」ということになるわけです。

ある女性研究者は、子育てをしたいということで会社を辞めたのですが、数年後、子どもの手が少し離れたため、スーパーにパートタイムに出ることにしました。SNSに、

「今日からレジ打ち頑張ります！」

と投稿したところ、元職場の上司からすぐに、
「復帰するなら、うちに戻ってくれ」
と連絡が入り、結局時短という契約で研究職に復帰しました。これはもちろん、彼女の優秀さゆえのことではありますが、一度退職したあとでも元上司の裁量で、退職前と同様の仕事に戻ることができたというのは、文系の職種ではなかなか考えられません。

これから先、研究を担うリケジョはますます求められるはずです。

昔は「消費活動」が単純で、みなが同じものを買い、同じものを消費するのが当たり前でした。たとえば私が子どもの頃であれば、どの家庭もだいたい同じシャンプーを使っていました。数種類のシャンプーが市場のほとんどを独占していたからです。みなさんの家でもそうかも知れませんが、現在は一人ひとりが自分に合ったシャンプーを使う時代です。ですからその種類も数知れず。いつもドラッグストアーのシャンプーの棚の広さには驚かされます。

同じシャンプーといえども、その中に微妙な差異をつくり、個人消費者のニーズを

満たすためには、すきまを縫うようなチューニングが必要になってきます。成分、香り、手触り、使用感、効能など、考慮すべきことは山ほどあり、それらの細かいさじ加減が得意なのは、やはり女性なのです。

ここでは女の子の例になりましたが、もちろん男の子についても、**理系を自由に選択できるようにしておくことは、将来の豊かさにつながります。**

これから先、ますます生き方は多様化していくでしょう。そのときにどれだけの選択の幅を確保できるか——そのための**第一歩は、意外にも小学校の算数にある**ように思います。

子どもを「算数好き」にするチャンスは、どこにでもある！

「勉強しなさい！」

これは子どもが一番勉強する気をなくす言葉です。できれば**日常生活の中ではこの言葉を使わないで、算数を実践する機会を子どもが自然と持てるように工夫していただきたい**と考えています。

先日コンビニで、５歳くらいの男の子のお母さんが、

「好きなお菓子を選んで、これでピッしておいで」

と、電子マネーのカードを渡していました。このような買い物の仕方は非常にもったいない。こういう場合には、お子さんに現金を渡して、

「この金額以内で、好きなお菓子を買っていいよ。消費税の計算も忘れないでね」と伝えるようにすればいいのに、と私は思います。そうすると、子どもは必死で計算して、なるべく「コスパのいい（つまり、食べたいものをなるべくたくさん買う）」買い方などを考えるようになるでしょう。

私も子どもの頃、学校の遠足での「おやつは300円以内」に燃えました。300円以内でいかに満足度の高いお菓子を買うことができるか。このようなときに、子どもの頭はフル回転するのです。

「便利さ」に飲み込まれて「自分」を見失わないために

今後、カードや携帯での支払いが当たり前になると、**お金の感覚**が薄れてしまいます。算数という教科でいえば、お金というのは「位」の概念と密接に結びついています。つまり、お金を使うことはつまずきやすい位の概念を獲得するのに役に立ちます。

また、キャッシュレスになると、お金を払うことに対する痛みを感じにくくなります。無尽蔵に買い物をするようになったり、リボ払いで収入に見合わない買い物を平気でしてしまったりするなど、お金に対する感覚が麻痺《まひ》してしまうのです。**便利さというのは、思考停止と紙一重。**すべてカード、すべて引き落としで決済していると、いった自分がいくら使っているのか、いくら使っていいのかがわからなくなってしまいます。

お金の感覚がにぶい人は、簡単な詐欺にひっかかるなどの**リスク**も高くなります。世の中は残念ながら善人だけでできているわけではないので、数字のレトリック（巧みな見せ方）を使って騙《だま》そうとする人は大勢います。

普段から数字に触れていると、こういったときに「何かあやしい」と感じられるようになります。そのような感覚は数字を扱うことでしか磨くことはできません。

家庭こそ、いちばんの勉強の場

時計も学校で習うよりも、ご家庭で教えるのに適した単元です。

「あと1時間15分後には、おふとんに入っていてね。75分後だよ」

「21時前には寝ないとダメだよ。9時前だよ」というように、ちょっと意識して時計の話をするだけで、子どもの中に徐々に時計の基本的知識が蓄積されていきます。

10進法で進められている算数の中で、いきなり60進法が出てくると、子どもはとまどってしまいます。**家で自然に教える**ことができれば、もっとすんなり時計の知識の学びに入れるはずです。

子どもが好きな趣味から、数学的知識を学ぶこともできます。

私は大きな数に対する感覚は、宇宙の本を読むことで自然と身につけることができました。宇宙の本や図鑑を見ていると、月までの距離は38万km、太陽までの距離は1億4960万kmなど、当たり前のように大きな数が登場します。

大好きな宇宙に関することですから、そういった数字はどんどん頭に刷り込まれていきます。授業の中で嫌々覚えるのとでは、吸収力が違うのです。

親子でマラソンをしているある男の子は、単位のテストで初めて100点をとった

と喜んでいました。普段のマラソンで、

「あと５００ｍ走ったら、２㎞だよ」

という会話をしているため、メートル、キロメートルの感覚は体で覚えているからです。頭だけでなく自分の体験として覚えたことというのは、机に向かう勉強以上に身につくものです。


単に算数の勉強を強いるのではなく、**普段の生活やその子の好きなものの中で、数字の感覚を伸ばせないか**どうか、ちょっと考えてみてはいかがでしょうか。

えーっと、
半径は…
このケーキの
直径は？

おわりに

当たり前のことですが、算数や数学が得意だからといって、必ずしも幸せになれるわけではありません。いくらいい成績をとっても、それだけで人生の幸福が保証されるわけではないからです。

ひと昔前まではそのあたりもわりと単純で、年収が８００万円になるまでは、その年収の伸びに従って、幸福度も増えていくということが調査結果などから言われていました。それは、収入が増えることで単純に買えるものが増えたり、美味しいものが食べられたり、広い家に住めたり、新しい経験ができたりということがあったからです。

しかし、現代は生活必需品の値段が劇的に落ちているために、欲しいものを手に入れるために、そこまで多くのお金が必要ではなくなりました。

今ではワンコインでけっこう美味しいものを食べることができますし（牛丼も美味

しくなりました！）、映画においては、月額９８０円で見放題といったサービスも、今や当たり前になってきました。１００年分の音楽も聴き放題という時代。洋服だって安いものの品質がよくなり、コンビニのお惣菜やスイーツも十分美味しい。

昔は高い金額を払わなければ買えなかった「幸福」が、今ではびっくりするくらい安く手にはいるのです。

それだけではなく、そもそも高い車や郊外の一軒家が欲しい、というような夢を持つ人が少なくなりました。そういったもののために、ローン地獄に陥るのは勘弁、というわけです。

このような背景において、算数をはじめとする教科の成績を伸ばして、いい学校に入り、いい会社に入り、いい年収を得るというこれまでのおきまりのコースは、あまり魅力的とはいえなくなったかもしれません。

しかし、私は勉強の目的は、そういうことではないと考えています。算数が得意になれば、結果的に成績が上がり、偏差値もアップするかもしれませんが、それはおきまりのコースに乗るためのものではありません。

では、なんのために算数を頑張るのか。いいものが安く手に入る時代に、人間の幸福がどこからくるのかを考えると、それはやはり「好きなことができる」というところにあると考えています。

算数・数学が得意になり、偏差値が上がれば、単純に将来の職業選択の幅も広がります。それだけでなく、数に強いということは、仕事をするうえで大いに役に立ちますから、社内でプロジェクトを任されたり、望むポストに就くことができたりするなど、自分の力を発揮する機会を多く持つことができるようになります。

仕事を効率よく進めることができれば、仕事をさっと終えて趣味のバンド練習やスポーツをすることもできるかもしれません。

主婦の方であれば、家計をうまく運営することで、自分へのご褒美を買う余裕ができるかもしれません。

自由に職を選ぶためにも、社内でいいポジションを獲得するためにも、業務を効率的に進めて自分の時間をつくるためにも、無駄なコストを省くためにも、算数・数学の基礎的な力は、生きていくうえで大いに役に立つのです。

本書で、算数に対する見方、考え方が変わり、お子さんの将来が少しでもいい方向に向かう手助けになれたらうれしい限りです。

今木智隆《いまき・ともたか》
RISU Japan株式会社 代表取締役。京都大学大学院エネルギー科学研究科修了後、ユーザ行動調査・デジタルマーケティング領域専門特化型コンサルティングファームのビービット入社。金融・消費財・小売流通領域クライアント等にコンサルティングサービスを提供し、2012年から同社国内コンサルティングサービス統括責任者に就任。2014年、RISU Japan株式会社を設立。タブレットを利用した小学生の算数の学習教材で、のべ10億件のデータを収集し、より学習効果の高いカリキュラムや指導法を考案。日本国内はもちろん、シリコンバレーでもハイレベル層から、算数やAIの基礎知識を学びたいと、アフタースクールなどからのオファーが殺到している。
https://www.risu-japan.com/

10億件の学習データが教える理系が得意な子の育て方

2019年11月12日　第1刷発行

著者	今木智隆
イラスト	ヤギワタル
デザイン	杉山健太郎
編集協力	黒坂真由子、堀紗織・橋本亜弓（RISU Japan株式会社）
図版制作	株式会社加藤文明社
企画協力	株式会社オトバンク
校正・校閲	株式会社文字工房燦光
発行者	山本周嗣
発行所	株式会社文響社 〒105-0001 東京都港区虎ノ門2-2-5 共同通信会館9F ホームページ http://bunkyosha.com お問い合わせ info@bunkyosha.com
印刷・製本	中央精版印刷株式会社

定価はカバーに表示してあります。
 ISBNコード：978-4-86651-135-1　Printed in Japan
この本に関するご意見・ご感想をお寄せいただく場合には、郵送またはメール（info@bunkyosha.com）にてお送りください。